목차

목차	1
1. 서론	3
2. 웨스트민스터 총회 배경: 설교의 중요성	7
3. 웨스트민스터 총회에서 진행된 설교에 관한 논의들	12
1) 여덟 가지 논의	12
2) 예배모범 막후 논의	16
4. 설교에 대해 언급하는 문헌들	21
1) 웨스트민스터 총회 출간물	21
2) 웨스트민스터 신학자들의 저서들: 강단 신학 형성	30
5. 결론	70
맺는말	73

고맙게도 더글러스 맥캘럼, 제이슨 램펄트 그리고 마크 버킬이 원고를 읽고, 의견을 나누고, 오류를 지적해 주었습니다. 제가 설교를 듣고 자라게 해 주신 부모님께 이 강연을 바칩니다.

채드 B. 반 딕스혼

1. 서론

설교 역사에 대한 관심은 지금도 여전하다. 휴즈 올리펀트 올드 Hughes Oliphant Old는 이 주제를 두고 성경 시대부터 현재까지를 관통하는 권위 있는 연구서를 집필했다.[1] 특정 인물이나 주제 설교에 관한 논문들도 나오고 있다. 아놀드 C. 헌트Arnold C. Hunt는 박사 학위 논문에서 17세기 초반 설교를 새로운 시각에서 면밀히 다루기도 했으며,[2] 청교도 설교는 여기서 언급하기에는 너무 많을 정도로 수없이 많은 역사적 연구 주제가 되어 왔다.[3] 기독교 설교에 대한 이러한 연구들은 아주 유용하다. 그러나 아직 설교 역사에 대한 이해는 부족한 실정이다. 청교도주의 같은 특정 주제조차 광범위한 경향이 있다. 이 강의는 이전 연구들과 달리 그 범위를 청교도주의 일반에서 웨스트민스터 총회에 참석한 청교도들로 제한하려고 한다. 웨스트민스터 총회는 후대 청교도와 개혁주의 목회자들의 설교 사역에 미친 영향력 때문에 특수한 역사적 중요성을 띤다.

웨스트민스터 총회는 특히 청교도 설교 연구와 관련하여 주목할 만하다. 이 모임에서 설교 방식과 그 근거에 대한 최종적인 입장을 발표했기 때문이다. 실제로 이 모임은 여러 방식으로 강단의 중요성을 강조했다. 신앙고백서와 요리문답서들은 서른 두 번이나 "매우 놀랍다"고 표현하며 은연중에 설교와 설교자의 중요성을 강조했다. 이 회의는 **예배모범**Directory for Public Worship을 통해 설교에

---

1 지금까지 다음 제목으로 다섯 권 출간. *The Reading and Preaching of the Scriptures in the Worship of the Christian Church* (1998-2004).

2 Arnold C. Hunt, "The Art of Hearing: English Preachers and their Audiences, 1590-1640" (PhD diss., University of Cambridge, 2001).

3 청교도 설교와 다른 설교 방식에 대해 다룬 자료로는 다음 참고. Hunt, "The Art of Hearing."

대한 구체적인 실천 방안을 제공하고 유례없이 설교자의 중요성을 강조했다. 의원들은 대요리문답Larger Catechism을 통해 목회자에게는 자신이 하나님 말씀을 설교하는 사람이라는 점을 상기시키고,[4] 성도들에게는 "설교 말씀을 듣는 이들은 성실함, 준비된 자세, 그리고 기도로 그 자리에 참석하고, 들은 바를 고찰하며 … 믿음, 사랑, 순종, 준비된 마음으로 그 진리를 받아들여야 한다"[5]고 말하며 다시금 설교를 강조했다. 아마도 "성령께서 말씀 읽기, 특히 말씀 설교를 죄인들을 깨닫게 하고, 설득하고, 겸손하게 하는 유효한 수단으로 삼으신다"라는 말이 웨스트민스터 신학자들의 이러한 생각을 가장 분명하게 드러낼 것이다.[6]

물론 설교의 중요성을 강조하고 성경 설교가 하나님 말씀이라고 선언했다는 사실이 이 회의만의 고유한 특성이라고 보기는 어렵다.[7] 그러나 이들의 선언문을 제대로 들여다보면, 이 선언이 여러 동시대인들에게 논쟁거리였다는 사실을 알 수 있다. 아놀드 헌트는 1620년대와 1630년대에 신앙 서적 출간 및 관련 문헌이 증가함으로써 설교의 대중화가 시작되었다고 주장한다. 헌트의 연구는 1640년에서 그치지만, 근대 초기를 연구하는 이들은 내전이 있던 17세기 초 수십년 간 지속되는 어떤 흐름이 있었다는 것을 알고 있을 것이다. 이는 설교에 대한 관점에 있어서도 마찬가지이다. 오늘날 세계 다른 여러 곳에서도 그렇지만, 17세기 중반은 국가만이 아니라 교회에 있어서도 격동의 시기였다. 1644년에 웨스트민스

---

4 웨스트민스터 대요리문답(*Westminster Larger Catechism*, 이하 *WLC*), 158, 159; 본서의 대요리문답, 소요리문답, 신앙고백서, 예배모범 내용 모두 역자 역.

5 *WLC*, 160.

6 *WLC*, 155. 다음 참조. 웨스트민스터 소요리문답(*Westminster Shorter Catechism*, 이하 *WSC*), 89.

7 Hunt, "The Art of Hearing," 1장 참고.

터 총회의 스코틀랜드 의원 중 하나인 로버트 베일리Robert Baillie 가 잉글랜드 교회를 괴롭히는 '민주적 무질서'에 대해 기록하였다. 베일리가 과장하는 경향이 있고 원색적인 묘사를 선호하기는 했지만, 1644년의 '민주적 무질서'에 대해서만큼은 그의 설명이 맞다. 잉글랜드의 식자층은 성경이 그렇게 명확하다면 왜 해설이 필요한지 의문을 가지기 시작했다. 문맹인 잉글랜드 서민들은 설교가 필요하다 해도 왜 설교자가 훈련을 받고 성직 임명도 받아야 하는지 알 수 없었다. 반성직자주의는 반대편에 자리한 웨스트민스터 신학자들이나 의회 의원들이 예상하지 못한 지점에서 반왕정주의와 함께하는 경향이 있었다.

이 연구의 주된 목적은 무엇보다 이 회의 전체를 통틀어 설교에 대해 말하려고 했던 것이 무엇인지 크게 그려 보는 것이다. 확실히 웨스트민스터 신학자들은 자신들이 선호하는 몇몇 설교가들이나 설교 혹은 그들이 반대하는 몇몇 설교자들이나 설교를 들며 추상적으로 설교를 장려하지 않았다. 그러나 개요만을 다루는 데 그친다면 이 연구는 이전 연구들을 부연하는 데 불과할 것이다.[8] 따라서

---

8   설교라는 주제에 대해 일정 부분을 할애하고 있는 **예배모범**에 대해서는 다음 자료 참고. B. D. Spinks, 'Brief and Perspicuous Text; Plain and Pertinent Doctrine: Behind "Of the Preaching of the Word" in the Westminster Directory,' in *Like a Two-edged Sword: the Word of God in Liturgy and History*, ed. M. Dudley (1995), 91-111; R. S. Paul, *The Assembly of the Lord: Politics and Religion in the Westminster Assembly and the 'Grand Debate'* (1985), 359-74, 특히 364-65; A. F. Mitchell, *The Westminster Assembly: its History and Standards* (1884), 2 12-45, 특히 238-41; H. Davies, *Worship and Theology in England: from Andrewes to Baxter and Fox, 1603-1690* (1975), 412-13. 웨스트민스터 신앙고백서와 대요리문답이 설교에 두는 특별한 강조점에 대해 언급하고 있는 연구 논문, C. P. Venema, "The Doctrine of Preaching in the Reformed Confessions," *Mid-America Journal of Theology* 10 (1999) 135-83. 비슷한 관점을 보이는 연구로는 다음 논문 참고. A. D. Strange in "Comments on the Centrality of Preaching in the Westminster Standards," *Mid-America Journal of Theology* 10 (1999) 185-238. 스트

이 연구는 회의 전체에 흐르고 있는 강단 신학을 전체적으로 조망할 뿐만 아니라, 회의 참석자들의 견해까지 살피는 작업이 될 것이다. 기본적으로 잉글랜드 강단과 관련하여 발생한 초기 갈등 관계를 간략하게 짚어 본 다음, 이 중 하나를 자세하게 살피면서 회의에서 있었던 설교에 관한 논의에 대해 개괄할 것이다. 그러고 난 다음 발간된 자료들을 살필 것이다. 이때 먼저 시간순으로 정리한 회의를 통해 발간된 문헌들을 살핀 다음, 주제별로 정리한 각 신학자들의 작품들을 다룰 것이다. 후반부에서는 청교도 강단 신학의 성경적, 이론적 토대를 개괄할 것이다. 이는 청교도 설교 역사 대부분이 다루지 않았으나 웨스트민스터 신학자들 스스로가 중요하게 여긴 내용들이다. 이것이 이 연구의 두 번째 어쩌면 보조적인 목적이며, 이를 통해 우리는 이 회의로 하여금 연합/분열하게 만든 '설교'라는 주제의 역할에 대해 평가해 볼 수 있을 것이다. 따라서 이 연구는 웨스트민스터 총회의 설교 신학 자체를 연구함과 동시에, 설교라는 렌즈를 통해 총회를 바라보는 작업이 될 것이다.

레인지는 18세기 설교에 대해서도 다루며(pp. 205-12) 예배모범 본문(pp. 233-38)도 수록하고 있다. 회의 자체에서 다룬 설교에 대한 논의에 대해서는 다음 자료 참고. R. M. Norris, 'The Preaching of the Assembly,' in *To Glorify and Enjoy God: A Commemoration of the Westminster Assembly*, eds. J. L. Carson and D. W. Hall (1994), 63-81. 노리스는 대부분 J. F. 윌슨의 의견을 반복한다. J. F. Wilson, *Pulpit in Parliament: Puritanism during the English Civil Wars* (1969), 137-65. 의회 개회 이전에 (웨스트민스터 신학자들이 대부분 내놓은) 설교에 대한 논의로는 다음 자료 참고. E. W. Kirby, 'Sermons Before the Commons, 1640-42,' *American Historical Review* 44, no. 3 (1939), 528-48; C. Hill, *The English Bible and the Seventeenth-Century Revolution* (1994), 79-108; H. R. 트레버-로퍼는 금식 설교에 대한 흥미로운 연구를 내놓았다. 다음 참고. Trevor-Roper, *Religion and Reformation and Social Change* (1967), 294-344.

2. 웨스트민스터 총회 배경: 설교의 중요성

웨스트민스터 총회를 연구하기 위해서는 당시 신학 저술들의 배경을 간략히 다루고 지나가야 한다. 회의 이전의 공적인 논의 주제는 주로 다른 유형의 설교들설교 읽기 혹은 최신 성경 주석의 상대적인 효과, 설교 말씀과 기록된 말씀의 유익, 성례 집전에 비해 설교가 가지는 중요성 등이었다.

설교에 대한 옛 접근폴 시버Paul Seaver의 연구 같은이나 현대의 연구헌트의 연구 같은는 잉글랜드에서 설교에 대한 논쟁이 엘리자베스 여왕 치하 국가 교회에서 시작된 것으로 본다. 시버는 엘리자베스 여왕 집권 시기에 늘어난 설교 서적 읽기와 비국교 청교도들을 겨냥한 축출 위협이, 청교도들로 하여금 교회 안에서 차지하는 설교의 중심적인 위치를 더욱 강력하게 주장하게 한 계기로 본다.[9] 이러한 주장들에 대해 여왕은 그 어느 때보다 강력히 대응했다. 전하는 바에 의하면 여왕은 "교회에는 설교자들이 적은 것이 좋다"고 말했다. 이 전언을 들은 그린달 대주교Archbishop Grindal는 여왕에게 회신했다. "공적이고 지속적인 하나님 말씀 설교는 인간 구원을 위한 일반적인 수단이자 도구입니다. 성 바울은 이것을 일컬어 하나님을 향한 인간의 '화해의 직분'이라고 불렀습니다. 하나님 말씀 설교를 통해 하나님의 영광이 더욱 커지며, 믿음이 자라고, 사랑이 증진합니다. 설교를 통해 무지한 자가 깨닫게 되고, 게으른 자가 권고와 격려를 받으며, 고집 센 자가 꾸짖음을 받고, 마음이 약한 자가 위로를 받습니다."[10] 여왕은 또한 교회 일은 교회에 맡

---

9 Paul Seaver, *The Puritan Lectureships: The Politics of Religious Dissent, 1560-1662* (1970), 17.
10 1576년 12월 20일자 편지, Seaver, *The Puritan Lectureships*, 18에서 재인용.

기라고 요청한 그린달이 대주교직에서 물러나도록 압박했다.

그린달이 여왕에게 설교의 중요성을 얘기한 이들 중 가장 고위직 성직자였지만 그렇게 한 사람이 그가 처음은 아니었다. 1571년에는 "헤아릴 수 없이 많은 여왕 폐하의 백성이 말씀 설교영혼 구원의 유일한 일반적인 수단인…를 원한다는 이유로" 죽어가고 있다는 내용의 청원이 여왕에게 올라갔다.[11] 12년 후에도 여전히 청교도들은 같은 말을 하고 있었다. 한 청교도는 이르기를 "선포된 하나님 말씀"이 생명을 불러왔고, 사람들은 하나님 말씀을 자신들에게 적용해야 했기 때문에, 목회자가 "자기 양떼에게서 떨어져 있는 것은 위험하고 해로운 일입니다"라고 했다.[12] 이 말을 오해한 사람은 없었다. 구원을 설교에, 설교를 거주지에 연결하는 것은 여왕이나 대주교 존 위트기프트John Whitgift에게는 납득이 가지 않는 일이었다. 존 펜리John Penry는 특설고등법원Court of High Commission에 다음과 같이 말했다. 즉 비상주 목회자들은 사람들을 "구원의 일반적인 수단, 즉 설교 말씀"에서 차단하는 것이기 때문에 "하나님과 사람 눈에 혐오스러운 것이다."[13] 위트기프트는 즉시 응답했다. "너에게 말하는 바, 그것은 이교이며 너는 그것을 이교로 여겨 철회해야 할 것이다."[14]

위트기프트 이후 리처드 밴크로프트 대주교 시기Richard Bancroft, 1604-33에 청교도들과 청교도 설교자들은 더욱 숨죽이며 지냈다. 밴크로프트가 캔터베리에 있을 동안 설교의 하찮음 혹은 중요성에

---

11 Ibid., 18.
12 Ibid.
13 Ibid., 19.
14 Ibid.

대한 언급이 비교적 적었으나 논쟁은 이어지고 있었다. 윌리엄 브래드쇼William Bradshaw는 그리스도와 제자들이 이룩한 최고의 업적이자 교회 안에서 성취된 최고의 업적은 설교라고 주장했다. 토마스 카트라이트Thomas Cartwright도 동의했다.[15] 그러나 다른 이들은 반대했다. 1626년에 헨리 밸런타인Henry Valentine은 청교도 측이 계속해서 "모든 신앙의 요소를 설교로 축소"하려는 분위기를 보이는 것 같자 이에 반발했다.[16] 1604년에 "누구도 설교 없이 구원받지 못했다"[17]라고 말한 것으로 알려진 맨체스터의 목사보 랄프 커크Ralph Kirk, 혹은 두 저서를 통해 사람들은 설교 없이 천국에 들어갈 수 없다고 주장한 니콜라스 바이필드Nicholas Byfield와 같은 설교자들의 주장 때문에 그의 우려가 커졌을 것이다.[18] 그는 또한 러셀 부인의 아들 결혼식에서 관례적인 춤이 설교로 대체된 것과 같은 청교도 관련 사건들에 대해서도 들었을 것이다.[19] 밸런타인이 윌리엄 에임스William Ames나 제임스 어셔James Ussher와 같은 청교도들의 저작을 읽었을 확률은 더욱 높다. 이 두 사람은 모두 말씀 선포의 중요성에 관하여 저술하고 설교한 바 있다.[20]

윌리엄 로드William Laud가 캔터베리 대주교 자리에 취임하면서 이 논쟁은 말씀 읽기와 설교의 효용성에서, 말씀과 성례의 효용성으

---

15 Davies, *The Worship of the English Puritans* (1997), 183, 186.
16 Seaver, *The Puritan Lectureships*, 20.
17 R. C. Richardson, *Puritanism in North West England: A Regional Study of the Diocese of Chester to 1642* (1972), 41.
18 Ibid.
19 Seaver, *The Puritan Lectureships*, 39.
20 William Ames, *The Marrow of Theology*, trans. 1. D. Eusden (1997), XXXIII-XXXIV (182-89). 설교에 대한 어셔의 견해에 관해서는 다음 자료 참고. *The Whole Works*, ed. C. R. Elrington (1864), vol. 1:284-87; '하나님 말씀'으로서 설교에 대해서는 13:558, 562-66 참고; 다른 중요한 주장들은 11:215, 216 참고.

로 그 중심이 전환되었다. 이전 세기에는 존 주얼John Jewel이 설교와 성례 간 균형을 강조했다. 다음 세대 청교도들은 설교에 더 무게를 두었으나, 로드는 일체의 중립적인 입장을 배격하며 성례에 온 무게를 실었다.[21] 어셔가 설교에 비해 성찬식을 평가 절하했다는 혐의로 기소된 그곳에서[22] 로드는 설교의 가치를 훼손시키면서까지 성례를 높였다. 시버가 기록하기를,

> 대주교 로드는 … 절대 자기 생각을 숨기지 않는 이로서, … 청교도 입장에 반대했다. 그가 보기에 제단은 '이 땅에서 하나님이 거하시는 최고의 자리이기 때문에' 성스럽게 여기는 것이 마땅하다고 보았다. '내가 말하고 있는 것은 실로 강단보다 위대한, 가장 위대한 것이다. 'Hoc est Corpus Meum'이것은 나의 몸이다이라는 말씀이 있기 때문이다. 그러나 강단에서는 기껏해야 'Hoc est Verbum Meum'이것은 나의 말씀이다 밖에는 없다. 그러므로 의심의 여지 없이 우리 주님의 말씀보다는 몸 때문에 성례를 더욱 귀하게 여겨야 한다.'[23]

호튼 데이비스Horton Davies는 "로드는 모든 제단에 난간을 둘러야 한다고 주장했다. 그것이 강단을 차단하는 것이라는 점은 전혀 생각하지 않았다"라며 비꼬듯 바라보았다.[24] 웨스트민스터 신학자가 될 리처드 헤이릭Richard Heyrick이 겸손하게 자기 교구민들에게 한 발언은 로드주의에 대한 반응이었다. 즉 "천국은 충실한 설교자

---

21 Seaver, *The Puritan Lectureships*, 20.
22 성찬에 관한 어셔의 견해에 대한 언급은 1:289, n.i에서 참고.
23 Seaver, *The Puritan Lectureships*, 20 (로드 발언 인용).
24 Davies, *Worship and Theology in England*, 138.

한 사람보다 더욱 훌륭한 피조물을 보여 줄 수 없습니다."[25] 또한 1640년 11월 17일에 코르넬리우스 버그스Cornelius Burges와 스티븐 마샬Stephen Marshall이 하원에서 잉글랜드에 설교가 부족하다고 한탄하며 설교한 것은 대주교와 그의 정책에 대한 반응이었다.[26] 1641년에 하원은, 설교는 "사람들을 구원의 상태까지도 이끄는 방도이다. 설교는 그들의 영혼을 구원하는 방도이다"라고 선언하였다. 아마도 이에 대하여 캔터베리에서는 큰 압력이, 설교자들에게서는 격려가, 그리고 회의 참석자들 가운데서는 반대표가 어느 정도 있었을 것이다. 선언문의 근거 구절은 로마서 10:13-14이었으며, 근거가 되는 은유는 목회자가 "사람의 도리와 구원에 관한 하나님의 마음과 말씀을 널리 선포하여 널리 퍼뜨리며 하나님의 교회를 지도하도록 파견된 사절"이라는 것이었다.[27] 이 평신도들이 설교를 들으면서 그런 관심을 가졌는지는 의문이지만, 시버는 "구원이 설교에 달린 것이었다면 당연히 모든 평신도는 목회자의 설교 능력에 관심이 있었을 것"이라고 말했고, 여기에다 우리는 설교자들을 찾아내는 교회의 능력을 덧붙일 수 있을 것이다.[28] 하원의 발표는 실제로 회의 직전의 의회와 관련한 배경에 관하여, 적어도 설교에 관해서 만큼은 제대로 된 밑그림을 그려 준다. 이 밑그림은 교회에 중심이 되고 구원에 이르는 데 기본이 되는 설교를 중요시하는 전통이 확립되었음을 보여 준다. 회의에서 진행된 논의들과 각 신학자들의 발언은 이러한 맥락에서 이해되어야 한다. 즉 설교와 설교자들의 중요성은 스스로가 잘 알듯 교회 전반이 아니라 회의 당사자들에게 당연하게 여겨져 왔을 것이라는 점이다.

---

25 Richardson, *Puritanism in North West England*, 71.
26 C. Hill, *The English Bible and the Seventeenth-Century Revolution* (1994), 84-6.
27 Seaver, *The Puritan Lectureships*, 20.
28 Ibid., 46.

3. 웨스트민스터 총회에서 진행된 설교에 관한 논의들

1) 여덟 가지 논의

웨스트민스터 총회 기간 일정을 살펴보면 이들이 설교와 설교자들에 대해 크게 신경을 썼다는 것을 알 수 있다. 매번 회의는 오전 6-8시에 성마가렛교회에서 아침 설교로 시작했다.²⁹ 그리고 "거의 매일 아침" 의회 내의 "작은 위원회"가 모이기 전에 목사보의 설교가 이어졌다.³⁰ 이따금씩 설교가 길어지는 일이 생겨서, 결국 의회는 설교 시간을 개회 시간인 9시 이전까지로 제한했다.³¹

그런데 회원 다수가 설교를 중요시했기 때문에, 설교자 100명이 한 곳에 모인 이상 당연히 설교에 관한 의견 차가 있었다. 설교에 관한 수많은 기록이 있으나 현존하는 의사록에는 400번 넘게 설교 언급, 논의라고 할 수 있을 만큼 설교라는 주제를 충실히 다루는 발언들을 추려 여덟 가지로 나누어 이야기해 보려고 한다. 이 논의들을 통해 우리는 새로운 정보를 얻을 수 있다. 총회에서는 신학자들이 설

---

29 M. Henry, 'The life of Mr. Philip Henry,' M. Henry, *Works* (1848), 2:607에서 재인용.

30 R. Baillie, *Letters and Journals* (1841), 2:111. 회의 시작에 늦지 않기 위해 목사보의 설교 도중 의원들이 도착하는 모습에 대한 존 라이트풋(John Lightfoot)의 설명은 본회의 개회가 설교 다음에 바로 이어졌다는 점을 알려 준다. J. Lightfoot, *Works*, ed. J. R. Pitman (1824), 13: 127 (*Journal*).

31 *Minutes* L386v. 의사록 본문은 C. B. Van Dixhoorn, "Reforming the Reformation: Theological Debate at the Westminster Assembly, 1643-1652" (PhD diss., University of Cambridge, 2004), vols. 3-7에서 재인용. 이 인용문이 기재된 논문 쪽수를 표기하기보다는 논문에서 기록한 것처럼 원본 표기 그대로를 인용한다. 다음 자료도 참조. Lightfoot, *Journal*, p. 215; 오전 9시 개회에 관해서는 다음 자료 참고. Cambridge University Library Dd XIV.28 (4), fos. 3v, 56r. *Minutes* 1 :83v, 242r; 3:70r, 92r, 113v, 216r. (이후 의사록은 *Minutes*로 표기, 역자 주)

교나 책에서 언급하고 있지 않은 이야기들을 하기 때문이다. 이 논의들은 또한 설교 및 관련 주제의 성격에 관한 청교도 간 협의점과 대척점을 보여 주기 때문에 깊이 들여다볼 만한 가치가 있다. 이제 이 논의들을 단순하게 여덟 범주로 나누고, 이 중 하나만 조금 길게 다룰 것이다.

첫 번째 논의는 가끔 일던 것이었다. 의회와 총회는 경건한 설교자들이 절실히 필요하다고 보았고, 총회는 성직 임명을 받지 못한 설교자들을 인정하자는 요청을 받았다. 총회인 다수가 성직 임명에 있어 주교만이 권한을 가지거나 특별한 역할을 맡는다는 개념에 반대했다. 그러나 확실한 대안이 없었다. 여기서 한 걸음 더 나아가면 장로파 성직 임명까지 다루게 될 것으로 보이자, 총회는 두 걸음 물러섰다. 독립파는 노회에 성직 임명권을 주고 싶지 않았기 때문이다. 이 논의는 설교를 위한 성직 임명의 필요성과, 어떤 사람이 설교할 자격은 되지만 성례는 집전할 수 없는 이유를 집중적으로 다루었다.[32]

두 번째 논의는 1643년 11월에 총회가 목사직을 논하기 시작했을 때 정식으로 입안되었다. 이때 설교의 특수성이 다른 목회 직무들과 구분된다. 설교와 말씀 읽기, 설교와 교리 교육, 혹은 설교와 기도의 차이점은 무엇인가?[33]

세 번째 논의는 두 달 동안 격렬하게 이어졌다. 어떻게 보면 이는 성직 임명에 대한 재고였다. 누가 설교할 수 있는가? 회의록에 의하면 설교에 관한 이 질문은 정황상 긴급하게 다루어졌다. 점점 많

---

32 다음 참고. *Minutes* 1: 106v–120v.
33 *Minutes* 1:154r과 이후 본문.

은 분파주의자들이 성직 임명을 받지 않고 설교하기 시작했기 때문이다. 이 논의는 총회가 집사직을 다룰 때 화두로 떠올랐다. 신약에 설교 집사와 같은 것이 있는가? 앞선 다른 논의들에서와 마찬가지로 설교에 대한 흥미롭고 유익한 발언들이 토론장에서 나왔다.[34]

평신도 설교와 집사 설교에 대한 논의가 그토록 첨예했던 데는 다른 이유가 있었다. 확실히 신학자들은 훈련 받지 않은 이의 혼란스럽고 그릇된 설교를 금지하고 싶어했다. 그러나 이러한 신학적 문제에 더하여 교회론적인 문제도 있었다. 이것은 "예루살렘 교회"에 대한 논의에서 아주 분명해졌으며, 이것이 설교와 관련한 네 번째 논의였다.[35] 간략하게 말하자면, 이 논의는 오순절 이후 예루살렘에 모인 교회의 규모에 집중했다. 장로파는 예루살렘에 수많은 회심자들이 있던 것으로 보았다. 사도행전 2:41에서는 그리스도인 3,000명이 언급되며, 사도행전 4:4에서는 회심자 수가 5,000명에 이르렀다고 나온다. 장로파는 대규모 회심이 이틀간 있었기 때문에, 다 합치면 적어도 그리스도인 8,000명이 예루살렘에 있었을 것이라고 보았다. 이 사실은 중요한데, 그렇게나 많은 회심자들이 실제로 하나 이상의 회중으로 모였지만 신약은 이 많은 회중을 한 교회로 언급하고 있기 때문이다. 따라서 회심자 수는 교회 안에 있는 가시적인 복수성 개념을 드러내며, 이 개념은 장로회주의나 감독주의 모두에게 똑같이 중요했다. 이는 사도들을 비롯한 설교자 다수가 있었다는 사실을 나타내는 것이기 때문이다. 독립파는 이러한 역사 해석에 위험성이 있다고 보았기 때문에 사도행전의 전

---

34 *Minutes* 1:275r; 회의를 놓친 관계로 의사록이 끊긴 이유에 대해서는 다음 참고. Lightfoot, p. 91과 이후 본문. 현존하거나 소실된 의사록에 관해서는 다음 참고. Van Dixhoom, "Reforming the Reformation", 2:xxv-xxviii.

35 *Minutes* 1:327r과 이후 본문.

체 회심자 수를 제한하여 보려 했고, 큰 집회장성전과 최소한의 설교 목사들이 있었다고 주장했다. 그러면 누가 모든 설교를 담당했을까? 이 논의가 진행되면서 독립파는 성경에 나오는 설교에 대한 언급들은 평신도가 말씀을 퍼뜨리고 비공식적으로 설교했다는 사실을 가리키는 것이라고 공개적으로 주장하게 된다. 이 논의를 통해 "이 자리에 앉으신 귀족과 의원들, 이들은 하나님 안에서 자기 안에 있는 이야기를 할 수 있고, 저는 그것을 예언과 설교라고 생각합니다"라고 한 토마스 굿윈Thomas Goodwin의 놀라운 발언이 설명되기 시작한다.[36] 설교에 대한 이러한 넓은 정의는 내전 기간 전 독립파 저작들에서 언급되지 않았거나, 적어도 빈번히 드러나지는 않는 것으로 보인다.

다른 네 가지 논의는 더 간략하게 언급할 수 있다. 설교는 총회가 **성직임명모범**Directory for Ordination의 교리 부분 초안을 작성할 때 자연스럽게 다루어졌다. 결국 의회는 이 문건을 발간하지 않기로 했으나, 상원에 제출한 원본 하나가 최근 연구가 진행되는 도중 발견되었다.[37] 논의가 진행되는 동안 설교에 관한 의견이 자주 오갔음에도 불구하고 이 지침서에는 지나가는 말로만 언급되고 있다.

여섯 번째로, 설교는 **예배모범**에 대한 논의가 진행되는 동안 집중적으로 다루어졌다. **예배모범**에는 설교에 대한 세부 지침이 실려

---

36 *Minutes* 1:120r.
37 최근 발간한 총회 출간 문헌 모음집에서 제대로 다루지 않은 주요 논점: 총회가 "성직 임명에 관한 교리"라는 제목을 붙인 의사록과 문건 33과 같은 성직 임명에 대한 의사록 지침 간 차이. (다음 참고. Van Dixhoorn, "Reforming the Reformation," 1:61, 367.) 두 문서 모두 1644년 4월 20일에 제출되었고 함께 분류되었으나, 개별 번호를 부여한 것은 명확성을 더하기 위한 것으로 보인다. 문건 본문을 확인하려면 상원 공문서보관소의 1644년 10월 주요 문건 참고. 이 문서에 대해 언급한 내용은 다음 자료에서 참고. *Commons Journals* iii. 466; *Lords Journals* vi. 525; *Minutes* 2:20r.

있다.[38] 속기 때문에 회의록 일부는 식별하기 힘들지만, 총회에서 논의된 설교 관련 주제를 다루는 데 어느 정도는 도움이 되기 때문에 이 부분을 조금 더 자세하게 다룰 것이다.

설교에 관한 일곱 번째 논의는 목회자직에 대한 두 번째 토론에서 시작되었다. 이 또한 예배모범과 관련이 있다.[39] 이때 목회자 연령에 대한 불만, 성직 임명의 필요성재차, 그리고 성직 임명을 받을 이들에게 출제할 시험 문제들에 대한 의견 차 등을 다루었다.[40]

마지막으로, 총회는 하나님 말씀의 잠정적인 청자에 관해 간략하게 논의했다.[41] 에라스투스주의자인 토마스 콜먼Thomas Coleman은 말씀과 성례 사이의 어떠한 괴리도 원하지 않았다. 아마도 콜먼은 완전히 객관적인 의미로 성례를 바라보면서, 성례와 설교 말씀의 대상이나 기능이 같다고 주장했다. 말씀과 성례 간 관계는 제법 다루어졌으나 토론 내용에 대해 우리가 알 수 있는 내용은 거의 없다. 이 여덟 가지 논의에 대한 더욱 자세한 연구가 실천 신학과 청교도주의 역사학자들에게 정말 필요하다.

2) 예배모범 막후 논의

설교와 설교자들에 대한 총회의 공동 성명은 1644년 11월에 의회

---

38 다음 참고. *Minutes* 2:89r과 이후 본문.
39 다음 참고. *Minutes* 2:95r과 이후 본문 및 Lightfoot, *Journal*, 284.
40 목회자의 삶 속의 은혜에 대한 질문의 필요성(래스밴드), 성경 연대기 암기의 필요성, 성직 임명 절차에 금식과 기도 포함 여부, 이틀 간의 시험 일정(라이트풋) 등이 있었다.
41 *Minutes* 3:23r과 이후 본문.

승인을 위해 제출한 예배모범에서 처음 발표되었다. 공문서에 표현된 총회의 설교 신학에 대한 검토는 이쯤에서 시작할 수 있다.

예배모범에는 주목할 만한 특징들이 있는데, 이 중 셋을 다룰 것이다. 첫째, 예배모범은 호튼 데이비스Horton Davies 등이 지적하는 것처럼, 그 지침들이 제안 성격을 띤 것인지 지시 성격을 띤 것인지 늘 명확하지는 않았다. 이따금씩 예배모범에는 목회자가 무엇을 '해도 된다'고 하면서도, 다른 곳에서는 '해야 한다'고 써 있는 식이다. 실천은 '필요한' 혹은 '필수적인' 것 등으로 표현되면서도 '도움이 되는', '편리한', '충분한' 등으로 다양하게 표현되고 있다. 둘째, 예배모범은 실제로 모범서들의 모음집이다. 그러나 완간 이후로는 통합본으로 더욱 자주 언급되었다. 열심히 합쳐 놓았지만 총회 의사록에서는 전체를 구성하는 개별 모범서들로 언급되고 있다. 기도모범, 환우심방모범, 성례집전모범 등.[42] 셋째, 예배모범은 설교 지침을 포함한다는 점에서 가장 독특하다. 알렉산더 미첼Alexander Mitchell은 총회 역사서에서 이 점을 언급했으나 그가 처음으로 언급한 것은 아니다.[43] 제러마이어 휘터커Jeremiah Whitaker도 웨스트민스터 총회 석상에서 같은 말을 했다. 더 중요한 것은, 휘터커는 의회가 모범서를 요청하지도 않았다고 덧붙였다는 점이다.

총회가 모범서를 검토하던 두 번째 날에 서기는 "설교모범 수록의 일말의 적정성 여부에 관한 휘터커 선생의 발의안"을 기록한다.[44]

---

42 **예배모범** 최종본은 예배자들의 모임과 태도에 관한 단락으로 시작하며, 그 다음 단락은 성경 봉독에 할애한다. 이어지는 세 단락은 설교에 대해 다룬다. 즉 설교 전후에 하는 기도에 대해 각각 한 단락씩과 설교 자체에 대해 한 단락.

43 Mitchell, *History*, 238.

44 *Minutes* 2:89v.

존 라이트풋은 일지에 다음과 같이 기록했다. 본인의 발의안을 관철하기 위해 "휘터커 선생은 설교모범을 쓸데없고 요구하지도 않은 것으로 여겨 … 반대했다. 그리고 그는 이 모범서의 용처에 관해 의문을 제기했다."[45] 그러자 사무엘 러더퍼드Samuel Rutherford가 바로 토론에 참가하여 엄숙 동맹과 언약Solemn League and Covenant이라는 스코틀랜드 측의 비장의 카드를 내놓았다. 러더퍼드는 설교모범은 "일치"를 위해 필요하며, 그것 없이는 "언약의 특별 조항에 의문을 품을 수밖에 없다"고 발언했다.[46] 그때부터 러더퍼드는 그리스도인의 자유에 관해 자신의 전형적인 삼대지 형식의 짧은 설교를 하면서, 제출된 예배모범에 그 설교를 적용하기 시작했다.[47] 코르넬리우스 벅스Cornelius Burges의 답변은 소실되었으나, 존 애로스미스John Arrowsmith의 답변은 남아 있다. 애로스미스는 설교 방식에 자유가 결여될까 우려했을 휘터커의 입장에 공감하며 발언했다. "기도 일치와 설교 일치 사이에는 차이가 있습니다. 하나는 가능하고 하나는 그렇지 않다는 것입니다." 하지만 이것이 모범서가 불필요하다는 의미는 아니었다. 애로스미스가 덧붙이기를 "설교에 대한 이 문제는 목회자 직무에 한정하는 것입니다."[48] 허버트 파머Herbert Palmer는 논의를 더 명확하게 하지는 않았지만 한 말씀 덧붙였다. "이 왕국의 경건한 목회자 대다수는 설교에 있어 일치한 상태입니다."[49] 결국 이 모범서 출간안은 통과되었다. 아마도 총회의 지도가 필요한 불경건한 설교자들이 충분히 많다고 본 것 같다.

---

45 Lightfoot, *Journal*, 277.
46 *Minutes* 2:89v.
47 *Minutes* 2:89v-90r.
48 *Minutes* 2:90r. 애로스미스는 모범서에 대해 좀더 관대한 입장을 견지했다. 즉 지시보다는 제안하는 성격의 것으로 이해했다.
49 Ibid.

휘터커가 제기한 문제는 총회 신학자들을 이해하는 데 도움이 된다. 의회가 그러한 설교 모범을 요구했다는 증거가 없었고, 신학자들은 러더퍼드가 주장했음에도 불구하고 **엄숙 동맹과 언약 아래 그러한 책자를 마련할 어떠한 의무도 없었다.** 이 언약은 "믿음의 고백, 교회 정체, 예배모범"과 "교리문답"을 위한 모범에 대해 언급하고 있지만, 설교모범은 언급하고 있지 않다.[50] 스코틀랜드 교회와 웨스트민스터 총회가 몇 차례 회담을 가졌을 때도 설교에 대해 언급한 적이 없다.[51] 그러나 총회는 특별 조치를 내려, 설교가 상당히 중요하고 나쁜 설교가 너무도 많아서 어느 정도는 모범서가 필요하다고 결정했다. 여기에는 대가가 따랐다. 설교모범 안건이 빠르게 통과되어 희망을 가졌지만, 베일리Baillie의 말을 빌리자면, 설교모범은 "수없는 논의" 끝에 통과되었다. 그 안건은 통과하기까지 꼬박 엿새하고도 틈틈이 몇 날에 걸쳐 총회 전체를 지배했다.[52]

---

50 *A Solemn League and Covenant, for Reformation, and Defence of Religion* (1643).

51 자체 예배모범서 제작을 고려하고 있던 스코틀랜드 총회의 여러 조례들이나 후에 잉글랜드 측과의 교류에서는 공동고백서, 교회 정체, 교리문답서와 예배모범의 필요성에 대해 언급하고 있으나, 1641-1644년에는 설교모범 혹은 예배모범의 한 구성으로서의 설교에 대한 특별한 언급이 없었다. 다음 참조. *The Acts of the Assemblies of the Church of Scotland, From the Year 1638, to the Year 1649, Inclusive* (1682), 107, 131, 142, 147, 172-73, 177, 196. 그런데 특히 휘터커에 대한 러더퍼드의 대응에 대해 살펴보자면, 스코틀랜드 총회에 보내는 스코틀랜드 위원들의 6월자 편지에는 다른 무엇보다도 '설교 방식'이 다루어지고 있으나, 총회가 고려할 만큼 충분히 다루고 있지 않았다(Ibid., 226-27). 총회는 회신에서 설교모범에 대해 별다른 놀라움을 표명하지 않고 있으며, 대신 목회자 성직 임명을 위한 모범서의 필요성에 대해 언급하고 있다(Ibid., 237-39). 이는 예배모범서가 응당 설교에 대해 다룰 것이라고 여기는 스코틀랜드 측의 생각을 보여주는 것일 수 있다. 미첼이 지적하듯 이전에는 이러한 일이 전혀 없었을 뿐이다.

52 Baillie, *Letters*, 2:191. 5월 31일자 편지에서 로버트 베일리가 기록하길 "우리는 한두 회기 안에 설교 모범 원고를 통과시킬 것으로 본다. 계속해 나가다 보면 속도가 날 것이다"(Ibid., 187).

총회와 그 위원회를 지배한 논의들은 설교의 중요성 자체보다는 설교의 기초, 구조, 내용을 중심으로 돌아갔다. 이를테면, 갑자기 동정론이 일자 위원회는 "설교자는 설교가 청중 기억에 남게 해야 하기 때문에 매시간 너무나 많은 것을 다루어야 한다"고 함으로써 설교 시간을 줄이려 했다. 이 짧은 제안이 "긴 설교에 대한 방대한 토론을 일으켰다." 신학자들 중 많은 이들이, 그리고 결국에는 대다수가 사람들이 설교를 기억하고 싶어하지 않게 되기를 바라지 않았기 때문이다.[53] 위원회는 또한 설교를 통해 선포되는 진리를 "그 자체성경 본문에서 주된 의미를 가지는" 것으로 제시했다.[54] 라이트풋과 다른 이들은 이를 반박의 여지가 있는 주장으로 보았고, 신약에서 구약이 사용되는 것을 예로 들어 성경 본문은 저자의 "일차적 의미" 이상으로 사용될 수 있다고 주장했다.[55] 또한 위원회는 설교에서 "여러 본문"을 사용하는 점에 대해 다루었다. 또다시 라이트풋은 이의를 제기했다. 설교 본문은 "아멘" 같은 한 단어로도 구성될 수 있다고 주장한 것이다. 총회는 이에 응하여 해당 표현을 단수로 바꾸었다.[56]

설교에 관한 논의 대부분이 쉬이 이해될 수 있는 것들이기는 했으나, 이따금씩 양가적 성격을 띤 부분들이 있어서 명확한 결론을 내기가 어렵다. 6월 3일 월요일에 신학자들이 설교자들의 "본문 또는 논증" 해설 가부를 놓고 상의할 때가 그랬다. 일부는 설교를 논증교리적 진술에서 도출한다는 생각에 반대했는데 "그것이 성경 본문 없이 설교하는 자유를 준다는 이유 때문"이었다."[57] 토론 결과는

53　Lightfoot, *Works*, 13:277.
54　Ibid., 278.
55　Ibid.
56　Ibid.
57　*Minutes* 2:89r.

알려진 바와 같다. 즉 예배모범은 설교가 성경 본문에서 나와야 한다고 밝히고 있다.[58] 총회는 설교자들이 설교 한 편을 전할 때 성경 주해보다는 교회 교리문답 주해에 집중하게 한 찰스 1세의 잔재를 처리해야 한다는 부담이 있었을 것이다.[59] 혹은 한 성경 본문을 주해한 다음 이어서 그 본문 교리를 설교하는 경향을 보이던 독립파가 불만스러웠을 것이다.

4. 설교에 대해 언급하는 문헌들

1) 웨스트민스터 총회 출간물
(1) 예배모범

예배모범에 대한 논의 내내 주요 관심사는 성경을 혹은 애로스미스가 쓴 것처럼 '하나님의 계시'를[60] 충실하고 권위 있게 설교하는 것이었다. 바로 그 관심사가 설교의 중요성을 강조하고 있는 예배모범 자체에서 뚜렷이 나타난다. 즉 "말씀 설교는 구원에 이르게 하는 하나님의 능력이며 복음 사역과 관련하여 가장 훌륭한 사역 중 하나"이

---

58   **예배모범**(이후, *DW*), 379 (자유장로회교회출판사가 발간한 글래스고본, 1976 인용). 의사록에 기록된 이 발언은 고드프리(Godfrey)가 (필립 샤프와 대조) **대요리문답**이 대륙교회에서 **하이델베르크 요리문답**을 사용한 것처럼 교회에서 설교를 위한 문서로 사용하려고 만든 것이 아니라고 주장하는 또 다른 토론에 대해 알려 준다(다음 참고. Godfrey, 'The Westminster Larger Catechism,' in *To Glorify and Enjoy God*, 131.) 이 부분에서 의사록은 고드프리를 지지한다. 즉 총회가 의도적으로 교리적 명제들을 설교에서 배제시키는 방향으로 표결했다면 **대요리문답**을 이러한 용도로 만들었을 가능성이 없게 되는 것이다.

59   Tom Webster, *Godly Clergy in Early Stuart England* (1997), 144.

60   *Minutes* 2:92v.

다.[61] 다시 말하자면, 예배모범의 서론은 관례와 형식대로 독자에게 설교의 중요성에 대해 알리고 있다. "주교들과 그 일파"는 "말씀 설교를 거대한 훼방거리, 그리고 어떤 곳에서는, 특히 최근에 필요 없는 것으로서 내칠 것, 혹은 기껏해야 공동기도서를 읽는 것보다 못한 것으로"[62] 보며 공동기도서를 하나님께 예배드리는 유일한 방식으로 여겨 왔다. 또한 예배모범 속에는 설교 지침 목록도 수록되어 있다.

패커Packer나 데이비스Davies 및 다른 이들이 언급한 것처럼, 예배모범의 실천 지침들은 기본적으로 퍼킨스 풍이다. 즉 그의 저서 "설교의 기술"Art of Prophesying에 나오는 주해, 교리 도출, 적용이라는 삼중 구조에 매우 가까운 형식을 보인다. 예배모범에서 설교 부분의 결론은 어셔 대주교Archbishop Ussher의 성직 수임 후보자들에게 주는 아홉 가지 권고의 특징을 고스란히 보여 준다.[63] 그러나 예배모범 전체적으로 볼 때 설교 신학이 분명히 드러나지는 않는다. 예배모범은 신학적이라기보다는 실천적이다. 설교에 관한 신학적 분석을 하려면 총회의 고백서와 요리문답을 살펴야 한다.[64]

(2) 신앙고백서와 요리문답

1646년 12월에 신앙고백서가 의회에 제출되었다. 언뜻 보기에 이

---

61 *DW*, 379.
62 *DW*, 373.
63 *DW*, 381.
64 예배모범은 스코틀랜드에서 환영받았으나 잉글랜드에서는 널리 배포되거나 수용되지 않았다. J. Morrill, 'The Church in England, 1642-1649,' *The Nature of the English Revolution*, (1993), 164.

신앙고백서는 설교나 설교자에 관해 거의 말하지 않는 것 같다. 목회자설교자나 목사를 일컬을 때 총회가 선호한 용어의 역할은 신앙고백서 목차에서 찾아 볼 수 없다. 성경에 관한 부분이 가장 길고 성례에 관해서는 세 장을 할애하지만 설교를 다루는 장은 전혀 없다. 그렇다고 설교자나 설교가 언급되지 않았다거나 하찮게 여겨졌다는 뜻이 아니다. 사실 이 신앙고백서는 말하고 있다. 곧 성경계시이나 성례예전와 더불어 이 사역은 "성도를 모으시고 이들을 온전하게 하시려고 이 생애와 세상 끝 날에 이르기까지 … 가시적인 공교회에게" 그리스도께서 수여하신 선물이며, 그리스도께서는 "자신의 임재와 성령님으로 말미암아" 이 선물들을 유효하게 하시기로 약속하신다.[65]

대요리문답에서도 마찬가지이다. 대요리문답은 "복음 사역"을 "가시적 교회의 특혜"로 분류하고 있고, "두 번째 계명에 부합하는 의무들" 속에는 "하나님께서 말씀 속에서 가르치신 모든 예배와 성례를 받고, 준수하고, 순전하고 어김없이 지키는" 것이 있으며, 이 중 가장 중요한 것은 "말씀을 읽고, 설교하고, 듣는 것"이라 말하고 있다.[66] 이것이 교회 밖에는 구원이 없는 것으로 보는 신앙고백서의 입장을 뒷받침하는 주장일 것이다.[67] 이 강조점은 확실히 목회 사역을 높이 사는 이 신앙고백서의 입장과 결을 같이한다.

신앙고백서와 특히 대요리문답 모두 전체적으로 목회자에 대한 언

---

65 웨스트민스터 신앙고백서(*Westminster Confession of Faith*, 이후 *WCF*), 25:3.
66 *WLC*, 63, 108. "예배와 안식일"에 대한 장의 5번 항에서는 "건전한 설교, 그리고 하나님께 순종하여 이해, 믿음, 경외로 말씀을 경청함" 또한 예배의 한 부분으로 열거한다(*WCF*, 21:5).
67 *WCF*, 25:2.

급이 잦다.[68] 목회자는 통치자들과 더불어 교회가 특별히 위해서 기도해야 할 사람들로 나타난다.[69] 목회자들만이 성례를 집전할 수 있으며[70] 다른 교회 직분자들과 함께 권징을 수행한다.[71] 목회자들은 공회에 참석하는 이들이며 "통치자들이 교회의 공공연한 적이라면 그리스도의 사역자들은 직권으로, … 그러한 회의를 통해 모일 수 있다."[72] 그러나 이 모든 직무 이외에도 더가 목회자에게 있을지라도 최우선인 직무는 설교였다.

이 직무 목록 위에는 "복음에는 중심이신 그리스도가 계시고, 말씀 설교와 성례 집전이라는 의식을 통해 이 언약이 실행된다"는 사실이 자리잡는다. 그리스도께서 설교와 성례를 통해 선포되실 때 "생명으로 향하는 회개"와 "그리스도에 대한 믿음"이 특히 설교 안에서 "모든 복음 사역자들에 의해 선포"된다.[73] 이것이 새 언약 아래 은혜언약을 실행하는 한 가지 방식이다.[74] 이러한 이유로 대요리문답은 교구민들에게 어떻게 설교를 들어야 할지 가르치고 있는 것이다.[75]

총회는 교회 안에서 "죄를 억제하고 사하고, 뉘우치지 않는 이들에

---

68 이는 본 연구자가 관찰한 바이다. 고드프리 또한 소요리문답보다는 대요리문답 속의 목회 부분에 강조점을 두고 있다. Godfrey, 'The Westminster Larger Catechism,' 138.

69 *WLC*, 183.

70 *WLC*, 169, 176; *WCF* 27.4; 28.2; 29:3.

71 *WCF*, 30:2.

72 *WCF*, 31:2.

73 *WCF*, 15.1.

74 *WLC*, 35.

75 *WLC*, 160: "설교 말씀을 듣는 이들은, 성실함, 준비된 자세, 그리고 기도로 그 자리에 참석하고, 들은 바를 성경에 비추어 고찰하며, 믿음, 사랑, 순종, 그리고 준비된 마음으로 그 진리를 하나님 말씀으로 받아들이고, 그것을 숙고하고 기준으로 삼으며 마음에 새긴 채 삶에서 열매를 맺어야 한다."

게는 왕국 문을 닫고, 회개한 죄인들에게는 그 문을 여는 것은" 권징을 통해서만이 아니라 "천국의 열쇠들"이 제 기능을 발휘하게 하는 지속적인 "복음 사역"에 의한 것임을 독자에게 강조했다.[76] 설교가 잃어버린 자에게 주는 희망은 총회 문헌에 자주 등장하는 주제이다. 설교를 통해 택자가 죄에서 은혜의 상태로 부름을 받는다. 물론 모든 청자가 구원을 받는 것도 아니고,[77] 정신적으로 설교를 이해하기 힘든 일부 사람들도 구원을 받을 수는 있으나,[78] 기본적으로 그 뜻은 "구원에 이르게 하는 믿음" 장에서 이르는 바와 같다. 즉 "택자의 영혼이 구원에 이르도록 믿게 해 주는 믿음이라는 은혜는, 그들 마음 속에서 그리스도의 성령께서 역사하신 결과이며, 보통 말씀 사역을 통해 일어난다. 또한 설교 말씀, 성례 집행, 기도로 그것믿음이 자라며 강해진다."[79]

총회는 설교의 효용성을 지속적으로 강조한다. 이는 신앙고백서에 명시되어 있을 뿐만 아니라, 위와 같은 내용으로 소요리문답에도 나오며[80] 특히 대요리문답 155번에서 강조되고 있다.

---

76 *WCF*, 30:2. 설교와 천국의 열쇠 사용 간의 관계는 하이델베르크 요리문답 83-94문에도 나와 있다. 이 두 문답 말고도 하이델베르크 요리문답은 "성령께서 … 복음 설교를 통해 우리 마음에 믿음을 심어 주시고, 성례를 통해 믿음을 더욱 강화시켜 주신다"(65 문답)고 말하고 있다.

77 *WLC*, 68; *WCF*, 10:4.

78 *WCF*, 10:3.

79 *WCF*, 14:1. 강조구 추가.

80 *WSC*, 89: "문: 말씀은 어떻게 구원에 효력을 발휘하는가? 답: 성령께서 말씀 읽기, 특히 말씀 설교를(,) 죄인들을 설득하여 돌아서게 만들고, 거룩함과 위로로 이들을 세워 믿음을 통해 구원에 이르게 하는 유효한 수단으로 삼으신다." 고드프리는 소요리문답이 대요리문답과 달리 교회에 대해 거의 언급하지 않는다는 점을 지적한다. 대요리문답은 더욱 교회 중심적이고 은혜의 수단을 더 강조하는 경향이 있다(*WLC*, 135-8 참고). 소요리문답에는 설교에 관한 언급이 특히 부족한데, 대요리문답 같은 경우는 이 주제를 더욱 목회적 관점으로 다룬다고 덧붙일 수도 있을 것이다.

문: 말씀은 어떻게 구원에 효력을 발휘하는가? 답: 성령께서 말씀 읽기, 특히 말씀 설교를 죄인들을 깨닫게 하고, 설득하고, 겸손하게 하며; 자신에게서 벗어나게 하고, 그리스도께로 이끌며; 그분의 형상을 닮게 하고, 그분 뜻에 복종하게 하며; 유혹과 타락에 빠지지 않도록 그들을 강하게 해 주며; 은혜로 이들을 세우고 거룩함과 위로로 마음을 공고하게 하여 믿음을 통해 구원에 이르게 하는 유효한 수단으로 삼으신다.

이 모든 인용구들을 보면 신학자들이 설교를 중심으로 삼는다는 사실을 잘 알 수 있지만, 위의 문답보다 그 사실을 더 명확하게 드러내는 곳은 없다. 설교는 그리스도인의 삶이 시작되기 이전이나 살아가는 내내 필요한 한 가지이다. 그렇다, 성경 말씀과 설교는 같은 영적인 목표를 두고 성령님의 역사하심을 통해 효력을 가진다. 그렇다, 물론 위에서 기술한 내용들은 설교가 "특히" 어떤 작용을 하는지 말하고 있지만, 이는 말씀 읽기 또한 같은 효력이 있다는 점을 내포하는 것이기도 하다. 하지만 둘의 차이점은 유효성의 정도에 있다. 성경은, 신앙고백서 1장에서 쓰고 있듯, 유용하고 고유한 성격의 것으로써 "구원에 필요한 하나님에 관한 지식과 그분의 뜻을 전하는 데 충분한" 것이다.[81] 총회에 의하면 설교는 교회 무기고에서 가장 강력한 무기이다. 그 이유는 청자에 대한 지침에서 찾아 볼 수 있다. 즉 설교 청중에 대해 이르기를 "설교 말씀을 듣는 이들은 … 믿음, 사랑, 순종, 그리고 준비된 마음으로 그 진리를 하나님 말씀으로 받아"들여야 하기 때문이다.[82] 여기서 다시 한 번 웨스트민스터 총회는 이전 세대의 주장을 반복하고 있다.

---

81 *WCF*, 1:1.
82 *WLC*, 160. 강조 추가.

물론 선포된 모든 것이 "하나님 말씀"이 아니고 모든 이가 설교할 사람은 아니다. 제대로 해석되었을 때에야 비로소 그것은 사람들에게 전달된 하나님 말씀이 된다. 그리고 예배모범이 모든 이는 성경을 읽어야 한다고 강조하고 있지만, 대요리문답은 "하나님 말씀은 충분히 은사를 받은 이들이 설교해야 한다"고 강조하며, "또한 이들은 그 직무를 위해 정식으로 임명되고 부름 받은 사람들"이라고 덧붙였다.[83] 재차 살펴도 이러한 진술은 조금 지나친 것 같다. 꼭 고용 보장을 위한 구실을 고안하는 것처럼 보일 수도 있을 것 같다. 로버트 노리스Robert Norris는 설교를 강조하는 설교자 집단에 관한 놀랍지 않은 사실이 있다고 지적하기도 한다.[84] 그러나 지금까지 있은 설교에 대한 진술들을 미루어 보면, 이러한 자격 요건들은 상식적인 것들이다.

설교는 특수한 것이다. 총회인들은 높으신 그리스도께서 하나님 우편에 앉아 "목회자들과 자기 백성에게 은사와 은혜를 베푸시고 그들을 위해 중보하신다"고 믿었다.[85] 그리스도께서는 자기 백성에게 은사어떤 이에게는 설교의 은사를 주셔서 설교자를 세우시고[86] 성령님을 통해 그 설교가 효력을 발휘하게 하신다.[87] 설교와 설교자들에 대한 강조는 웨스트민스터 신학자들이나 그 이전 세대에게, 그리스도의 은혜와 성령의 능력에 대한 강조였다. 성령의 능력 속에 있고 "사람의 지혜로 현혹하는 말로써가 아닌" 설교에 대한 강

---

83 *DW*, 376; *WLC*, 158.

84 R. M. Norris, 'The Preaching of the Assembly' in *To Glorify and Enjoy God*, 65. 총회 참석 신학자들이 경제적으로 넉넉하지 않은 지위에 있었다는 점을 알아야 한다. 의회는 항상 방대한 업무에 비해 적은 금액을 뒤늦게 지급했다.

85 *WLC*, 54.

86 *WLC*, 53.

87 *WLC*, 155 등

조는 대요리문답의 설교에 관한 질문 속에 주어진 17가지 지침 속에서 다시금 드러난다. 즉 "설교자로 부르심을 받은 이들은 어떻게 하나님 말씀을 설교하는가?"라는 질문에 신학자들은 다음과 같이 답한다.

> 말씀 사역에 헌신하도록 부르심을 입은 그들은 때를 얻든지 못 얻든지 부지런히 바른 교리를 가르쳐야 한다. 즉 사람의 지혜로 현혹하는 말로써가 아닌 있는 그대로, 오직 성령님과 능력의 나타나심으로; 충실하게, 삼위일체 하나님께서 모두 드러나시도록; 지혜롭게, 청자의 필요와 수준에 맞도록 적용하면서; 열정적으로, 하나님과 그분 백성의 영혼에 대한 뜨거운 사랑으로; 진심으로, 그분의 영광과 그들의 회심, 교정, 구원을 위해 설교해야 하는 것이다.[88]

이 문답 같은 경우에는 이론의 여지가 없는 것 같지만, 총회에서 가장 따지기 좋아하는 이들에게조차 집회에서 나온 다른 발언 대부분이 그렇게 들릴 법했다. 특히 웨스트민스터 회의 반대자들의 귀에 거슬렸을 법한 주장 여섯 가지가 있다. 첫째, 설교는 성직 임명을 받은 목회자들에게 한정한다. 둘째, 이 목회자들은 설교 사역에 앞서 제대로 훈련을 받아야 하며, 설교직을 맡았다면 부지런히 연구해야 한다. 셋째, 성경에 부합하는 설교는 하나님 말씀으로 들리고 수용될 것이다. 넷째, 성직 임명을 받은 사람이 충실하게 설교한다면 설교는 일반적인 은혜의 수단 중에서 가장 효과적인 수단이다. 성경 읽기나 성례 집전보다 더욱 그러하다. 즉 사적인 은혜의 방편보다 공적인 은혜의 방편이 더욱 효력이 있다. 다섯째는

---

88 *WLC*, 159.

이전 주장들과 면밀히 연결되어 있는데, 설교는 복음 중심이어야 한다는 것이다. 즉 설교는 그리스도 중심이어야 했다. 여섯째, 어떤 설교도, 그것이 제아무리 독창적이고 설득력이 있을지라도, 성령님으로 인한 하나님의 역사하심이 없이는 청자에게 아무 효력이 없다.

신학자 본인들은 이 여섯 가지 주장에 얼마나 동의했을까? 침묵하고 있는 입장을 중심으로 이 논의를 생각한다면, 앞서 열거한 기준을 도입하기 위해 반대표가 기록되지 않았다는 사실이 중요하게 작용할지 모른다. 또한 총회에서 퍼킨스식 설교의 삼중 구조를 추천하는 **예배모범**에 대한 터크니Tuckney, 가우지Gouge, 거테이커Gataker의 반대를 제외하고는 이 주제들에 대한 긴 논의가 없다는 점도 주목해야 할지 모른다.[89]

왜 웨스트민스터 신학자들은 크게 지지받지 못하는 입장을 고수했을까? 확실히 그 답은 그들의 학문 전통이나 역사적 배경과 관련이 있다. 그렇지만 결국 총회에서 모든 것에, 특히 신학에 있어 가장 권위를 가지는 원천은 성경이었다. 이어지는 논의에서는 총회가 다다른 이 여섯 가지 결말이 각각 어떤 성경 해석에 근거하고 있는지 추적할 것이다. 더불어 이 주장들에 대해 신학자들이 어느 정도 합의를 보았는지 살필 것이다.

---

89 총회인 일부, 그중 특히 앤서니 터크니(Anthony Tuckney)는 특히 전통적인 삼중 구조 설교와 같은 일괄적인 설교 방식에 반대했다. 터크니는 "설교자를 교리, 논증, 적용의 틀에 가두려는"(*Minutes*, 2:90r) 이들에 반대했다. 라이트풋은 토마스 거테이커(Thomas Gataker)와 윌리엄 가우지(William Gouge) 모두 "은사의 다양성을 제한하는 교리-논증-적용 구조의 설교 형식 규정과 자유를 요청하는 일에 관한" 터크니의 항변에 동참했다고 기록하고 있다. 이들의 주장으로 총회는 "결론과 서론 부분 추가 사항 - 이 방식은 모든 이에게 강제되거나 모든 상황에 적용되는 것이 아니라, 도움이 될 것 같은 상황에 적용하기를 권고하는 것이다"를 넣기로 했다. 라이트풋이 부언하기로 "이로 인해 적절한 용어를 찾기까지 긴 시간이 소요되었다"(Lightfoot, *Journal*, 278).

2) 웨스트민스터 신학자들의 저서들: 강단 신학 형성

100년도 넘게 전에 A. F. 미첼A. F. Mitchell은 역사가들이 오웬Owen 이나 백스터Baxter와 같은 거의 동시대 인물들을 통해서만 웨스트민스터 신학자들의 의견을 파악하려 하는 방식에 불만을 표시했다. 그는 웨스트민스터 신학자들 자체가 다작가들이었다는 점에서 그러한 연구는 거의 불필요한 일이었다고 지적했다.[90] 총회인들이 쓴 저작들이 유용함을 강조하려는 미첼의 불만과 바람에 귀를 기울이며 설교에 관한 여섯 가지 주제를 그들의 저작들을 통해 면밀히 검토할 것이다. 매번은 아니지만 웨스트민스터 신학자들의 저작들의 유용성과 접근 용이성을 보이기 위해 이 저작들의 현대판을 인용할 것이다.

(1) 하나님의 사절들: 성직 임명을 받은 설교자들

총회는 성직 임명의 중요성을 두고 의견이 갈렸다. 웨스트민스터 총회에서 성직 임명의 가장 강력한 지지자들은 장로파였고, 그중에서도 스코틀랜드인들이 대다수를 차지했다. 사후 발간된 저작 **갖가지 질문에 대해 논함**Treatise of Miscellany Questions에서 조지 길레스피George Gillespie는 "이 시대에는 말씀과 성례 사역을 하도록 구별된 성스러운 부르심이나 거룩하게 구분된 사람 같은 개념은 없다"고 가르치던 "격렬하고 맹렬한 에라스투스주의자"의 도전에 응수하여 성직 임명을 받은 목회자의 필요성을 강조했다.[91] 길레스피가 보기에 그러한 견해는 성경에 위배되는 것이었다. 첫째,

---

90 Mitchell, *History*, 381, n. 1.
91 George Gillespie, *A Treatise of Miscellany Questions* (1649), 1, 24-25.

길레스피는 말씀과 성례 집전의 영속성 개념을 일반화하기 위해 사도들에게 주어진 특별한 직무들과, 이후 지상명령마 28과 에베소서 4:11-13 두 곳에 나오는 다른 선생들을 근거로 삼았다.[92] 지상명령은 그리스도께서 다시 오실 때까지 가르치고 세례침례를 베푼다는 "기간"을 강조하고 있다.[93] 에베소서 4:13은 같은 진리를 강조하지만 설교 수신자들과 관련한다. 교회의 사역은 "우리 모두가 하나님의 아들을 믿는 일과 아는 일에 하나가 되고, 온전한 사람이 되어서, 그리스도의 충만하심의 경지에 다다르게" 될 때까지 지속되어야 하는 것이다.[94] 그리스도께서 재림하지 않으셨고 성도들이 온전하지 못하므로 가르침과 세례침례는 이어져야 한다.

둘째, 길레스피는 특히 설교의 중요성을 강조한다. 즉 "복음 설교는 하나님께서 믿는 이들을 구원하기 위해 정하신 수단이자 방도이다."[95] 이를 위해 그는 바울이 편지 수신자들에게 질문하고 있는 로마서 10:14을 근거로 삼는다. "그런데 사람들은 자기들이 믿은 적이 없는 분을 어떻게 부를 수 있겠습니까? 또 들은 적이 없는 분을 어떻게 믿을 수 있겠습니까? 선포하는 사람이 없으면, 어떻게 들을 수 있겠습니까?"

셋째, 스코틀랜드 장로파는 여러 가지 자격 요건들을 고안한다. 그가 말하는 성직 임명은 장로파가 성직 임명 시에 시행하는 "안수"

---

92   Ibid., 2.
93   토마스 굿윈은 같은 방식으로 본문을 이해하고 있다. 다음 참고. Goodwin, *Works* (1996), 11:361.
94   윌리엄 브리지(William Bridge)는 같은 본문에서 동일한 가르침을 도출한다. Bridge, *Works* (1989), 4:135 참고. 앤서니 버제스(Anthony Burgess)도 비슷한 결론을 도출한다. Burgess, *Spiritual Refining* (1658), 495 참고.
95   Gillespie, *Miscellany Questions*, 2.

의식이 아니다. 길레스피는 루터와 칼빈이 성직 임명과 안수를 구별했고 자신도 마찬가지라고 밝힌다.[96] 그는 특수한 상황에서 성직 임명이 필요하다고 주장하는 것도 아니다.[97] 길레스피는 양이 잠시 목자직을 맡더라도 평소에 특별한 임무를 계속 수행할 필요는 없다고 주장한다.[98] 또한 그는 성직 임명이 사적인 그리스도인 모임에 필요하다거나 "예비 성직자들이나 견습생들"이 설교 전에 성직 임명을 받아야 한다고 주장하는 것이 아님을 분명히 한다.[99] 그는 이들이 적어도 스코틀랜드 제도 안에서는 공인되고 자격을 부여받은 임시 설교자들이기 때문에 임시 직분과 인증을 받는 것이라고 주장했다.[100] 길레스피가 확립하고자 한 개념은, 일반적으로는 설교자들이 구별되는 직책이라는 점이다. 이들은 특별한 소명과 특별한 직무를 부여받는다. 이들은 사절들이다. 이들은 보냄을 받았다.

설교와 설교자들에 관하여 생각했을 때 신학자들의 마음을 가장 강하게 사로잡은 것으로 보이는 개념은 "사절"이라는 은유이다. 예레미야 23:22 설교 도중 앤서니 버제스Anthony Burgess는 목회자들은 사절로서 하나님 말씀을 설교하는 자들이라는 점을 청중에게 상기시키기 위해 잠시 멈추었다.[101] 예레미야서에도 사절에 해당하는 근거 구절이 있으나, 신학자들은 고린도후서 5:20을 더 선호했다. 여기서 사도 바울이 말한다. "그러므로 우리는 그리스도의 사절입니다. 하나님께서는 우리를 시켜서 여러분에게 권고하십니다. 우리는 그리스도를 대리하여 간청합니다. 여러분은 하나님과

---

96 Ibid., 33-4.
97 Ibid., 34-5.
98 Ibid., 55, 61.
99 Ibid., 35.
100 Ibid., 43.
101 Burgess, *Spiritual Refining*, 495.

화해하십시오." 신학자들은 본문에서 너희-우리 개념 구분에 주목하고 이것을 하나님의 사절들에게 고유하고 중요한 역할이 주어진 것이라 해석했다. 윌리엄 가우지는 이 구절을 생각하며 기록했다. "설교는 임명 받은 목회자를 통해 드러나는 구원의 신비에 관한 선명한 계시이다." 그러한 목회자는 하나님께서 따로 세우신 자들로서 "하나님 말씀의 법에 따라 복음을 전하는 목회자가 되도록 세움을 받고, 자신이 복음의 신비를 이해하여 다른 이들에게 그것들을 전할 수 있도록 능력을 부여받는다. 그는 또한 하나님을 대신하여 그분의 이름으로 구원을 제시한다고후 5:20. 이것이 사람들을 움직여 믿고 구원에 이르게 한다. 이것이 구원에 이르도록 하나님께서 정하신 일반적인 방도이다."[102] 가우지가 결론을 맺기를, 사실이 이렇다면 목회자들은 성실히 설교해야 하며, 나태한 목회자들은 하나님을 두려워해야 한다.[103]

물론 신학자들은 성직 임명은 하나님이 정하셨다는 주장을 펴면서 고린도후서 5:20에서만 그 근거를 찾지 않았다. 길레스피는 로마서 10장에 나오는 바울의 주장을 따르고 있다. 15절에서 사도가 말한다. "보내심을 받지 않았는데, 어떻게 선포할 수 있겠습니까?"[104] 길레스피에게 보내심이란 보내는 이의 존재를 시사하는 것이고, 따라서 본문은 혹은 적어도 스코틀랜드 장로파가 추론하기로는 왕과 사절의 존재를 나타내는 것이다. 길레스피에게 사절이라는 은유는 중요하다. 엄청난 혼란을 겪지 않고는 그리스도의 왕국

---

102 W Gouge, *Hebrews* (1980), 2:23.
103 Ibid., 2.23, 1:102.
104 올리버 볼즈(Oliver Bowles)는 성직 임명을 주장하기 위해 비슷한 여러 성경 구절을 근거로 삼는다, *De Pastore Evangelico Tractatus* (1649), P. G. Ryken and J. B. Rockey, trans., 1-3.

에서 모든 그리스도인이 사절이 될 수는 없기 때문이다.[105] 여러 말 할 것도 없이 장로파에게 혼란이란 본디 비성경적인 것이었다. 길레스피는 디모데후서 2장에 근거하여 다른 방식으로 비슷한 주장을 이끌어 낸다. 그는 가르치고, 가르침 속에서 보살피고, 가르침 속에서 후계자를 세우라는 디모데를 향한 명령들을 언급하고는 자연스레 자기 주장을 이어간다. "선생들은 배우는 자들과 구별된다. 모든 이가 선생일 수는 없다. … 이는 모든 그리스도인에게 일반적인 소명이 아니다."[106] 이것이 길레스피의 요점이며 그는 이 주장을 이어간다. "사도는 이렇게 말하지 않는다. '그대가 나에게서 들은 것을, 충실하고 유능한 이들이라면 누구나, 그 직무를 수행하고 싶어 하는 누구라도 다른 이들에게 가르치기를 바란다.' 성실함, 적성, 재능이 소명을 유효하게 만드는 게 아니라 부르심을 받았다는 사실이 그 사람에게 자격을 부여하는 것이다. 소질은 중요하다. 그러나 소명, 능력, 권위를 부여받는 것은 또 다른 일이다."[107] 성도들은 임의로 정한 목회 방식에 대해 의구심을 가지는 게 당연하다. "분명한 부르심이나 적법한 성직 임명 없이, 어떻게 사람들이 목회자들의 입에서 나오는 말씀을 하나님 말씀으로, 혹은 그들을 하나님이 보내신 자들로 받아들일 수 있겠는가?"[108] 길레스피는 또한 바울이 교회는 설교자들에게 필요한 모든 것을 공급해야 한다고 가르치고 있다고 주장한다 고전 9:13-14. 이 가르침이 설교자들이라는 특정 부류, 즉 공인된 이들을 구별하고 있는 것이 아니라면, 그러

---

105 Gillespie, *Miscellany Questions*, 36-8.
106 Ibid., 52. 길레스피는 갈라디아서 6:6 본문 "말씀을 배우는 사람은 가르치는 사람과 모든 좋은 것을 함께 나누어야 한다"를 거의 그대로 인용한다. 그는 단순히 "어떤 사람들은 선생이고, 어떤 사람들은 배우는 사람이다"라고 말하며 "말씀을"을 덧붙인다.
107 Ibid., 53.
108 Ibid., 54.

고 나서 그는 웃으며 말하기를 "사람들이 설교자들을 좋은 상점에서 살 수도 있을 것이다, 값은 후하게 칠 것이고."[109] 스코틀랜드 장로파가 대다수 장로파보다 설교자의 특별 임명에 대해 더 많이 기록하기는 했지만, 다른 장로파도 분명히 그 주제를 진지하게 다루었다. 로마서 10:13-15 주해에서 존 애로스미스 John Arrowsmith 는 설교의 효용성을 적법한 성직 임명과 파송 개념에 단단히 결부시켰다.[110]

이때도 총회에서 장로파만이 성직 임명에 관심이 있는 것은 아니었다. 에라스투스주의자들과 독립파 모두 간접적으로나마 이 문제에 대해 발언했다. 논의를 이어 나가는 동안 길레스피는 성직 임명에 반대하는 익명의 에라스투스주의자와 논쟁했다.[111] 그 상대방이 길레스피와 평생 논쟁한 동료 신학자이자 독특한 논증 방식으로 알려진 토마스 콜먼일 확률은 낮다. 콜먼은 그 직책이 목회의 교육 기능에 한정되어 있다고 주장했지만 성직 임명을 반대하지는 않았다.[112] 마찬가지로 총회의 다른 에라스투스주의자인 존 라이트풋은 사도 시대 이래로 "복음 사역에는 특별한 질서와 기능이 있다"고 주장한다.[113] 두 사람 중 누구도 성직 임명을 강하게 옹호하

---

109 Ibid., 54-55.
110 John Arrowsmith, *Tactica Sacra* (1657), 2.2.6 (114). 'Ubi necessaria statuitur ad salutem Dei invocatio, ad Dei invocationem fides, ad fidem verbi auditio, ad verbi auditionem praedicatio, & ad praedicationem missio; in via scilicet ordinaria. Alias enim extra ordinem fieri potest, Ut cum fructu praedicet qui non est missus; sicut interdum ex providentia singulari surdus creadit absque auditu.'
111 Gillespie, *Miscellany Questions*, 36. 길레스피는 자신이 계속 언급하고 있는 책은 프레네커(Franeker) 발간본이라고 쓰고 있다.
112 Thomas Coleman, *Male dicis Maledicis* (1646), 10. "목회자 성직 임명은, 가르치는 자리로 임명된 것이기에 교리 부분까지 이어지는 것이라고 본다."
113 Lightfoot, *Works*, 2:68.

지 않지만, 이들 모두 설교자가 특별한 역할을 한다는 점은 인정하고 있다.

길레스피와 러더퍼드에 의하면 독립파 또한 설교자에게 특별한 역할을 부여하기는 했으나, 이따금씩 성직 임명을 특정 회중의 목사 보통 선거와 동일시하는 경향을 보인다.[114] 확실히 목회자의 소명에 관한 의견들은 성직 임명을 찬성하는 쪽으로 모이지 않았다. 윌리엄 그린힐William Greenhill은 에스겔 3:17에 나오는 파수꾼에 관한 설교에서 단순하게 진술했다. "그리스도는 교회의 위대한 파수꾼이십니다. 그가 머리이시며 손수 자신의 대리인을 임명하십니다. 고린도후서 5:20에서는 사도들이 그분을 대신했고, 이 본문에서는 선지자들이 그러하며, 모든 신실한 복음 목회자들이 그러한데, 이들은 그분 뜻에 따라 교회를 통해 부름을 받았습니다."[115] 한편 고린도후서 5:19-20에 관한 논문에서 제러마이어 버로스Jeremiah Burroughs는 "복음 목회자들은 그리스도의 사절들"이라고 보고 있으나 성직 임명에 관해서는 언급하지 않고 있다.[116] 버로스에 의하면 그리스도의 목회 사절들은 단순한 전령이나 청지기보다 교회에게 주어진 더욱 큰 특혜이다. 그는 사절들이 하찮은 임무를 위해 파견된 것이 아니기 때문에, 그 존재 자체가 그 전언이 얼마나 중요한지를 나타내는 것이라고 말한다. 그는 경고하기를, 사절들은 자신들이 부여받은 말씀 이상을 전할 수 없는 사람들이다. 그들은 복음을 설교해야 한다.[117] 또한 사절들이 왕을 대신하는 것과

---

114 길레스피는 이 입장이 분파주의자들 대부분과 독립파 일부에게서 나타난다고 말하고 있다(Gillespie, *Miscellany Questions*, 25); 다음도 참고. S. Rutherford, *The Due Right of Presbyteries* (1644).

115 William Greenhill, *An Exposition of Ezekiel* (1994), 110.

116 Jeremiah Burroughs, *Gospel-Reconciliation* (1997), 258.

117 Ibid., 258-60.

같이 "어떤 면에서는 이들이 그리스도의 위격조차 대신한다."[118] 버로스는 또한 청중에게 "사절은 그분이 맡기신 일에 관해 보고해야 한다"고 경고하고 있다. 아마도 이것은 기도를 통해 설교에 대한 교구민들의 반응을 말씀드린다는 뜻이었을 것이다.[119] 그러나 버로스는 사절이 되는 과정에 대해 명확하게 언급하지는 않고 있다.[120] 이렇게 둘 중 어느 교파도 장로파만큼 성직 임명을 강조하지는 않지만, 양측 모두 설교자는 어느 정도 모든 신자들과 다른 일을 하기 위해 구별되었다는 점에는 동의하고 있다.

(2) 훈련 받은 설교자들

비장로파가 성직 임명의 필요성에 대해 목소리를 내지는 않았으나, 교육 받은 성직자들의 필요성에 대해서는 입장이 확실했다. 라이트풋은 주장하기를, 연구는 설교자가 되려는 누구에게나 중요한데, 그것은 사도들에게도 필요한 것이었기 때문이다. 그들은 "듣고, 공부하고, 토론하고, 묵상하는" 데 전념했고, 가르치도록 파송되기 전에는 그리스도 곁에서 내내 함께했다.[121] 토마스 굿윈은 "배움과 연구를 폄하하는 이들에" 반대했다.[122] 그는 바울이 디모데에게 연구하라고 가르친 점에 주목하여 딤후 2:15 연구 없는 즉흥 설교는 성경에 위배되는 것이라고 주장했다. 그는 또한 연구를 반대하는 이들은 여전히 자신들이 듣고 주장한 것들에 의지하는 것이

---

118 Ibid., 260.
119 Ibid., 260-63.
120 버로스는 복음 자체로 말미암는 화해를 언급하기 위해 그러한 주제들은 간단히 다루려 한다는 입장을 분명히 한다(Ibid., 257).
121 Lightfoot, *Works*, 3:67.
122 Goodwin, *Works*, 11:379.

라고 날카롭게 지적했다.[123] 누구도 백지상태에서 강단으로 나올 수 없다는 것이다.

존 애로스미스는 훈련의 필요성만이 아니라 능력에 대해서도 논했다. 애로스미스는 주장한다. "유효한 소명"에 필요한 세 가지는 재능, 의지, 구별됨성직 임명이다. "내가 감히 단언하건대, 은사를 받지 못한 이는 보내심을 받지 않은 사람이다."[124] 이것 또한 디모데에 대한 바울의 가르침에 따른 것이다. "그대가 많은 증인을 통하여 나에게서 들은 것을 믿음직한 사람들에게 전수하십시오. 그리하면 그들이 다른 사람들을 또한 가르칠 수 있을 것입니다"딤후 2:2. 모든 이가 유능한 선생은 아니다.

설교자 훈련은 단순히 엄밀한 성경 연구만으로 이루어지지 않는다. 그러나 결국 그것 외에 다른 것도 아니다. 오바댜 세지위크Obadiah Sedgwick는 "저는 설교자들이 다른 책은 일절 연구하지 않고 성경만 연구해야 한다고 생각하는 그런 사람이 아닙니다"라고 자기 의견을 분명히 밝혔다.[125] 로버트 해리스Robert Harris는 **참 행복으로 가는 길**The Way to True Happiness에서 좀더 부드러운 어조로 독자에게 인용 구절의 출처를 제대로 밝히지 못한 점에 대해 사과했다. "마지막으로 말씀드립니다. 저는 누구보다 옛 것을 귀하게 여기며 가능한 많이 힘닿는 대로 선현들이나 동시대 분들의 지식을 활용하려 합니다. 출처를 밝히는 대신 내용만을 전달하는 것은 여러분

---

123   Ibid., 378-9.

124   John Arrowsmith, *Theanthropos, or God-Man: Being an Exposition upon the First Eighteen Verses of the First Chapter of the Gospel according to John* (1660), 99.

125   Obadiah Sedgwick, *Christ's Counsell to his Languishing Church of Sardis* (1996), viii.

을 위한 것이니, 그렇게 이해해 주시기를 바랍니다."[126] 앤서니 버제스는 특수 목회자와 일반 목회자 개념을 통상적으로 구별하면서 "특별한 은사를 가진 이들이라도, 연구하고, 수고하고, 부단히 노력했다"고 말한다. 버제스는 바울과 디모데를 그 범주에 놓으며 "바울은 디모데에게 성경을 읽는 일에 전념하여 발전하는 모습을 모든 사람에게 나타나게"딤전 4:13, 15 하라 권면하고 "본인은 몸소 양피지에 쓴 책을 활용했다"는 사실을 언급하고 있다. 그는 이에서 결론을 이끌어 낸다. "하나님께서 손수 밝혀 주신 등불일지라도 스스로 수고하고 노력하여 기름을 보충해야 했다. 그리고 이것이 특별한 은사를 가진 사람들에게 해당하는 사실이라면, 범인들에게는 얼마나 더하겠는가? 먹지 않는 보모는 젖을 먹일 수 없다. 연구하지 않는 목회자가 그러하다."[127]

배움에 대한 이 신학자의 강조점을 고려해 보면, 강단 위에서 학식을 발휘하는 데 대한 총회의 논의는 교회 현실은 아니더라도 이들의 이상을 보여 준다.[128] 이 논의에는 가정, 우려, 제시된 해결책 모두가 있었다. 모두들 설교자는 종교개혁이나 교부 문헌들과 더불어 학술/성경 언어에 정통해야 한다고 생각했다. 이것은 실제로 전년도에 입안된 성직임명모범에서 다른 공부들과 함께 요구된 사안이다. 이들이 우려했던 것은 설교 시 학식을 과시하는 행위였던 것 같다. 설교에 관한 위원회의 제시안은 설교에서 칼빈이나 어거스틴을 권위자로 인용하는 것, 강단에서 라틴어, 그리스어, 히브리어 단어나 구절 인용을 금지하거나 경고하려는 의도로 작성되었다.

---

126 Robert Harris, *The Way to True Happiness* (1653), 98.
127 Anthony Burgess, *The Scripture Directory for Church Officers and People* (1659), 75-76.
128 다음 참고. *Minutes* 2:90v-94r.

에드먼드 캘러미Edmund Calamy는 곧 위원회의 제안을 맹렬히 비난했다. 의사록에 따르면 캘러미는 "제가 스스로 추론하고 제 저서를 인용해야 한다면, 왜 칼빈은 인용하면 안 됩니까?"라고 물었다. 그는 자신이 유용하게 "칼빈이나 오스틴어거스틴 저작을 사용할" 수 있다는 점을 내비쳤고, 실제로 여기에는 "그것들을 제대로 사용할 수 있음을 증명하는 많은 근거가" 있었다. 이를테면, "이따금씩 그것은 전혀 새로운 내용을 전달하고 있는 게 아니라는 점을 보여 주는 데 도움이 된다." "저자를 언급하는 것은 그것이 본인만의 견해가 아니라는 점을 보이는 것이며, 그것은 조심스럽게 그들의 의견에 경의를 표하는 것이다."[129] 존 애로스미스는 이에 전적으로 동의한다. 그는 학식을 발휘해도 된다고 보았고, 이것이 교회 역사 속에서 새로운 견해가 아니라는 점을 보이기 위해 어거스틴을 라틴어로 인용한다.[130] 연로한 허버트 파머는 애로스미스 의견에 반대하며 자신은 "납득하지 못하겠고" 강단에서 다른 이름들을 인용하는 것은 "적합하지 못하다"고 입장을 밝혔다. 그는 자신이 "인간의 가르침을 사용할 수 있으며, 거기에 반대할 마음은 없다"는 생각을 동료들에게 밝혔다. 그러나 그는 "그러한 이름들을 인용하는 것이 필요하거나 적합할지라도, 우리는 그러지 말아야 한다고 생각합니다. 그것은 성경적인 모양새가 아닙니다. 바울은 그렇게 하지 않았습니다. 바울이 언제 그랬는지 생각해 보십시오. 우리가 바울 사도를 따른다면, 우리도 그러해야 합니다"라고 말했다. 그는 바울의 이름이 그 자체로 논증에 권위를 부여했다는 사실을 덧붙일 필요가 없었다. 착석하기 전에 파머는 다시 한 번 "그러한 이유로 저는 그것이 적합하지 않다고 생각합니다"라고 발언하고 조금 더 힘을 주어 물었다. "제가 사람의 인정을 얻고자 설교를 하는

---

129 *Minutes* 2:92r.
130 *Minutes* 2:92v.

것입니까, 아니면 그들 마음 속에 있는 하나님 말씀의 권위에 부합하기 위해 설교하는 것입니까? 칼빈 선생의 권위가 청중으로 하여금 제 말씀을 믿게 할 수 있더라도, 저는 차라리 그 시간에 말을 그치는 입을 막는 편이 낫겠습니다."[131] 결국 가장 회자된 것은 마지막 날 초반에 조슈아 호일 Joshua Hoyle이 한 발언이었다. "제한적으로 허용할 수는 있으나, 총회 관할 아래 그대로 방치해 버린다면 문제가 될 것입니다."[132]

이 논의에서 분명히 드러난 것은, 저자나 외국어 인용을 반대하는 이들조차 배움을 옹호했고, 본인들이 배운 사람들이었으며, 다른 이들에게 이 두 가지 사실을 분명히 하려 신경을 썼다는 점이다. 목회자 시험이 치러지는 동안 총회에서 벌어진 열띤 토론은 이러한 정서가 실제로 지지를 받았다는 사실을 드러냈다. 이따금씩 예외가 허용되었으나, 총회에 출석한 희망에 찬 설교자들은 성경과 신학에 정통하고 있다는 점을 증명할 수 있어야 할 뿐만 아니라 히브리어, 헬라어, 라틴어를 잘 알아야 했다. 총회의 평가 위원회 앞에 출석한 응시자들 중 설교를 하려 하나 "헬라어를 잊어버린" 이들에 대한 열띤 논쟁들은 신학자들에게 배움이 중요한 요소라는 점을 부각한다.[133] 이미 목회하고 있는 이들과 이제 설교자가 되려는 이들은 서로 언어 시험 기준이 다른가? 어떤 사람이 라틴어를 읽고 이해하지만 말할 수는 없다면? 그 사람이 설교하게 될 곳에서 그것이 문제가 되었나? 일부 논의들의 배경을 이해하면 이 논의들이 상아탑 토론에 불과한 것이 아니었다는 사실을 알게 된다. 어떤

---

131 *Minutes* 2:92v-93r.
132 *Minutes* 2:91r.
133 *Minutes* 1:126v.

이는 실제로 답을 기다리며 사원 주위에서 서성이고 있었다.[134]

(3) 하나님 말씀

총회 강단 신학의 세 번째 주제는 설교 청중을 향한 권고에서 자주 나타나며, 단순히 설교자들을 향한 것은 아니다. 목회자들이 성직 임명과 교육을 받아야 하는 이유는 길레스피를 다시 인용하면 청중이 "목회자 입에서 나오는 말씀을 하나님 말씀으로 받기" 때문이었다. 장로파 윌리엄 가우지에 의하면 이것이 히브리서 13:7이 전하는 바이다. "여러분의 지도자들을 기억하십시오. 그들은 여러분에게 하나님 말씀을 일러주었습니다." 가우지는 도미니크회 수사들을 향하여 말했다. "사람이 목회자로서 말한 바는 당연히 사람의 음성으로 들리겠으나, 목회 임무를 수행하는 하나님의 참된 목회자들이 설교하는 것은 하나님 말씀입니다."[135] 자기 청중이, 그리고 나중에는 독자들이 자신이 본문의 요점을 과장했다고 생각하지 않도록 하기 위해 가우지는 "목회자들이 전하고, 전해야 하는" 말씀들을 어떻게 "하나님 말씀이라고 일컬을" 수 있는지 묻는다. 그 대답은 특수 목회자와 일반 목회자들에 대한 통상적인 구분에서 찾을 수 있다. "하나님께서는 특수 목회자들에게 직접적으로 영감을 주셔서 뜻하신 대로 그들에게 알리셨습니다. '예언은 언제든지 사람의 뜻에서 나온 것이 아니라, 사람들이 성령에 이끌려서 하나님께로부터 오는 말씀을 받아서 한 것입니다'벧후 1:21. 따라서 그들은 이러한 도입부를 사용하는 것이 익숙했습니다. 곧 '여호와의 말씀'호 1:1, 개역개정과 '여호와의 말씀이'사 7:7, 개역개정이며,

---

134   이 논의에 대해서는 다음 참조. *Minutes* 1:126v-128r.
135   Gouge, *Hebrews*, 13:98.

이와 같이 사도도 '내가 여러분에게 전해 준 것은 주님으로부터 전해 받은 것입니다. 곧 주 예수께서 잡히시던 밤에, 빵을 들어서'고전 11:23라고 표현하고 있습니다."[136] "일반 목회자들에게는 이들이 사용할 수 있도록 기록으로 남은 하나님 말씀이 있습니다. … 따라서, 성경을 설교의 원천으로 삼고 거기에 부합하는 것만을 전하는 그들은 하나님 말씀을 설교하는 것입니다."[137] 몇 줄 밑에서 가우지는 다시 말한다. "목회자들은 설교할 때 하나님 말씀에서 한 발자국도 벗어나지 않도록 그 말씀을 꽉 붙들고 있어야 합니다. 사도는 다른 말씀을 전하는 그 누구에게서 오는 공격도 물리쳤습니다 갈 1:8-9."[138]

총회에 참석한 에라스투스주의자들은 설교가 하나님 말씀이라는 주제에 대해 거의 혹은 전혀 다루지 않았다. 그러나 독립파 제러마이어 버로스는 다른 총회인들보다 할 말이 더 많았던 것 같다. 1643년 11월 19일에 버로스는 청중에게 경외심을 조금 불러일으키기 위해 이사야 66:2 "내 말을 듣고 떠는 자"개역개정를 인용했다. 그는 설교에서 청중에게 하나님을 두려워하라고 말하고 있는 것이 아니라, 하나님을 두려워하는 자를 말로 그려 내어 청중이 그 그림에 부합할지 말지를 선택하게 하려는 것이었다. 그가 말하기를, 하나님을 두려워하는 남자나 여자는 "시간을 때우거나 저 사람이 무슨 말을 하는지 보자는 식으로 예삿일 치르듯 하나님 말씀을 들으러" 오지 않는다. 그보다는, 말씀은 "읽든지 듣든지 … 온전한 경외심"으로 받는 것이다.[139] 그러한 사람은 설교를 깊이 반추

---

136 Ibid., 13:98 (2:316).
137 Ibid.
138 Ibid., 13:98 (2:317).
139 J. Burroughs, *Gospel-Fear* (1991), 6.

해 보지만 "트집잡으려 들지는 않는다."¹⁴⁰ 버로스는 모압 왕 에글론이 물론 그의 '이교적' 방식이나 역겨운 급사와 관련해서가 아니라 에훗을 "하나님의 말씀"을 전달하는 사절로 맞아들였다는 점에서삿 3:20 성도들이 따라야 할 모범으로 삼았다.¹⁴¹ 이어 버로스는 설교를 생각하면 "마음이 … 벅차오르는지" 묻고, 설교에 대해 진짜로 생각하는 것이 무엇인지 물으면서, 그리고 세상을 떠났다고 생각하면서도 여전히 말씀을 거역하며 최악의 오만함을 보이는 모순을 지적하면서 더욱 깊이 이 주제를 다룬다.¹⁴²

분명 버로스에게는 이 불손함과 오만함에 대한 논의 뒤에, 신실한 하나님 말씀 설교는 하나님 말씀이라는 전제가 있다. 설교가 하나님 말씀이기 때문에 불손함과 오만함은 가증스러운 것이다. 설교가 하나님 말씀이라는 이 교리는 버로스의 첫 번째 설교 전체와 하나님 능력에 대한 논증과 같은 그의 저작 곳곳에서 드러난다. 지상명령을 상기하면서 버로스는 그리스도의 말씀의 의미에 대해 묻는다. 곧 "나는 하늘과 땅의 모든 권세를 받았다"마 28:18. "그다음에 무엇이 이어지는가?"라며 버로스가 묻는다. "그러므로 … 가서 … 가르쳐"마 28:19-20. 이 연결 관계에서 우리는 무엇을 알 수 있는가? 이것은 마치 그분께서 "너희가 가르치는 나의 그 말씀이 이루어지도록 너희가 내 말씀을 선포할 때, 내가 받은 하늘과 땅의 모든 권세가 너희와 함께해야 한다는 사실을 기억하라"고 말씀하시는 것과 같다.¹⁴³ 설교에 나타나는 하나님의 능력은 너무도 강력해서 "설교를 들으러 올 때마다 나는 천국 혹은 지옥에 가까워질 것을

---

140   Ibid.
141   Ibid., 8.
142   Ibid., 8-9.
143   Ibid., 14.

각오해야 한다."[144] 버로스는 그만큼 진지하게 설교를 들으러 오는 이는 거의 본 적이 없다고 말한다. "하나님 말씀을 들으러 올 때 그들은 세속적이고 헛된 마음으로 온다." 그러나 다시금 말하기를, 그 말씀은 힘이 있고 "그 말씀이 찾아와 자신들의 내면을 샅샅이 수색하여, 삶에 파고들어 고치려 들고, 내적이고 은밀한 영혼의 질병을 모두 찾아내는 것을 알게 될 때, 사람들은 이 말씀 앞에 무너지며 고백한다. '참으로 하나님은 이 말씀 속에 계시는구나.'"[145]

물론 모든 설교가 하나님 말씀은 아니며, 설교를 가늠하게 해 주는 종교개혁의 규준은 성경이다. 버로스는 설교자에게서 들은 것이 성경에 부합하는지 집에 가서 확인해 보기를 권하면서 한 가지 주의를 준다. 설교를 들을 때 "가벼이 흘려버리지 마십시오." "말씀 속에서 나온" 것을 듣고도 그것을 "그 말씀이 아닌" 것으로 치부해 버린다면 여러분은 마지못해, 고집스러운 태도로, 믿음 없이 설교를 들으러 오는 것입니다.[146] 그는 간청하며 설교를 마친다. "여러분이 하나님 말씀을 들으러 설교 자리에 오실 때, 부디 긴장을 늦추지 않도록 하십시오. 그러면 떨리는 마음으로 받는 그 말씀이 영원토록 여러분 마음을 평안하게 해 줄 것입니다."[147]

버로스의 이러한 권고는 레위기 10:3에 관한 연속 설교, 특히 '말씀을 들을 때 하나님 이름을 거룩하게 하는 것에 관하여'라는 제목의 설교 세 편을 통해 뒷받침되고 있다.[148] 그가 설교를 높이 사는 데 근거가 되는 구절은 데살로니가전서 2:13이다. "우리가 하

---

144 Ibid., 20.
145 Ibid., 22.
146 Ibid., 27-28.
147 Ibid., 29.
148 J. Burroughs, *Gospel-Worship* (1990), 192-281.

나님께 끊임없이 감사하는 것은, 여러분이 우리에게서 하나님의 말씀을 받을 때에, 사람의 말로 받아들이지 아니하고, 실제 그대로, 하나님의 말씀으로 받아들였기 때문입니다. 이 하나님의 말씀은 또한, 신도 여러분 가운데서 살아 움직이고 있습니다." 버로스는 데살로니가인들에 대한 이러한 권고를 언급하면서 사도의 설교는 "그들데살로니가인들이 그 설교를 하나님 말씀으로 받았기 때문에 유효했다"라고 말한다.[149] 사도에게 유효했던 이 원리는 목회자가 성경 말씀을 전할 때도 똑같이 작용한다. "여러분은 이렇게들 말씀하시겠지요. '갑시다, 사람이 뭐라 설교하는지 들으러 가봅시다.' 오 아닙니다, 그리스도께서 말씀하시는 것을 들으러 가십시다. 왜냐하면 이것이 자기 이야기를 하는 것이 아니라 그리스도를 자기 안에 모시고 설교하는 하나님의 목회자들에 관한 것이라면, 이는 또한 이 사람 혹은 저 사람의 말이 아니라 예수 그리스도의 말씀을 들으러 오는 여러분에 관한 것이기 때문입니다." 이어 버로스는 고린도후서 5:20을 인용하여 청중에게 다시금 목회자들이 그리스도의 사절이라는 점을 상기시킨다.[150] **화해의 복음**Gospel Reconciliation이라는 논문에서 버로스는 같은 내용의 두 본문을 사용하는데, 이 중 데살로니가전서 2:13는 간단히 언급하고 고린도후서 5:20은 길게 다룬다.[151] 그는 본문에 "우리는 그리스도의 사절입니다. 하나님께서는 우리를 시켜서 여러분에게 권고하십니다"라고 써 있다는 점에 주목한다.[152] 이 본문은 버로스의 다른 설교

---

149 Ibid., 200. 이 구절을 언급할 때 라이트풋이 성경에 대한 관계를 다루지만 설교를 언급하지는 않는다는 사실은 중요할 수 있다(Lightfoot, *Works*, 6:56).

150 Ibid., 200-1. 따라서 윌리엄 브리지는 "그리스도께서 공적인 말씀 사역을 통해 가르치신다"고 말할 수 있다(Bridge, *Works*, 4:144).

151 데살로니가전서 2:13에 대해서는 Burroughs, *Gospel Reconciliation*, 265-66 참고. 고린도후서 5:20에 대해서는 256-305 참고.

152 Ibid., 256 (강조 추가).

속에서 다시 인용된다. "이와 같이 하나님께서 목회자들을 통해 말씀하시는 것은 여러분이 하나님 말씀을 직접 들은 것만큼 확실합니다."[153] 따라서 사절이라는 은유는 위임받았다는 사실만이 아니라 그 권위, 심지어 설교자의 정체성까지도 나타내는 것이다. 각기 성경의 다른 부분을 근거로 들고는 있지만, 총회에 참석한 장로파와 독립파 모두 하나님 말씀이 그분의 사절들을 통해 충실하게 전달되었다면, 그것은 그 자체로 하나님 말씀이라고 믿은 것은 분명하다. 따라서 실질적이고 진정한 의미에서 하나님 말씀 설교는 하나님 말씀이다.

(4) 외적이며 일반적인 은혜의 수단: 설교

하나님 말씀 설교가 하나님 말씀이라면, 그리스도인 삶과 예배에서 그것은 어떤 의미인가? 당연히 신학자들은 설교가 그리스도인들에게 일반적인 은혜의 수단이라고 대답한다. 데살로니가서 논증 및 강의 *Thesis & Praelectiones Theologicae*에서 앤서니 터크니는 "Verbum Dei externum est ordinarium medium conversionis ad salute"이라고 주장한다.[154] 터크니는 처음부터 "외적인 말씀"은 단순히 선포된 그리스도를 의미하는 것이 아니라, 그 자체가 수단인 설교를 의미한다는 점을 분명히 한다.[155] 다르게 말하자면, 사람들은 그리스도로 말미암아 구원받을 뿐만 아니라,

---

153 J. Burroughs, *Gospel-Remission* (1995), 305.
154 "외적인 하나님의 말씀은 구원에 이르게 하는 회심의 일반적인 방도이다."(역자 주); A. Tuckney, *Prælectiones Theologicae* (1679), part 2, 258; 258-64 참고.
155 Ibid., 258 터크니는 "열심파"라는 혐의에 대해 스스로 변호하는데, 이는 그가 회심이 설교 없이 가능하다고 말하고 있기 때문이다(259).

그리스도를 전하는 설교라는 수단을 통해 그리스도로 말미암아 구원 받는다는 것이다. 총회 설교자들은 기본적으로 이런 개념을 가지고 있었다. 앤서니 버제스는 충실한 말씀 사역은 "인간을 악한 길에서 돌이키게 하는 확실하고 일반적인 회심의 방도이다"라고 말한다.[156] 버제스는 고린도전서 3장 주석에서 이를 좀더 강하게 주장한다. "말씀 사역은 은혜의 시작과 증진을 위해 하나님께서 지정하신 유일한 일반적인 방도이다." 그리고 "믿음은 들음에서 생기는"롬 10:17 것임을 지적한 후, 다른 곳에서는 고린도인들에게 바울과 아폴로가 "여러분을 믿게 한 일꾼들"고전 3:5이라고 말한 장면을 언급한다.[157] 버제스는 더 나아가 주장하기를 "그것은 일반적인 방도이므로 모든 것이 달려 있는 필요 수단이다. 우리는 그것 없이 있을 수 없다. 즉 사람이 그것을 누리지 못한다면 그의 영혼은 메마른 광야, 역겨운 거름더미와 같아질 뿐이다."[158]

독립파도 총회에서 설교는 주요한 은혜의 수단이라는 주장에 한 목소리를 냈다. 제러마이어 버로스는 "하나님 교회에서 변하지 않는 가장 큰 명령은 복음 사역"이라고 말했고,[159] 설교를 "큰 선물" 혹은 그리스도의 "영광스러운 선물"로까지 추켜세웠다.[160] 토마스 굿윈은 사도행전에서 교회는 매번 설교를 통해 세워졌다는 사실을 언급했다. 그는 고린도전서 2:4에서 복음 설교는 "성령의 나타나심"개역개정으로 불리며 고린도후서 3:8에서는 "영의 직분"으로 불

---

156 Burgess, *Spiritual Refining*, 500; 494도 참조.
157 Burgess, *Scripture Directory*, 69.
158 Ibid.
159 Burroughs, *Gospel Reconciliation*, 233; 230-305.
160 Burroughs, *Gospel Remission*, 111; Burroughs, *Saints' Happiness*, 254-55, 260도 참고.

린다는 사실에 주목했다.[161]

1649년에 윌리엄 그린힐은 에스겔 주석 서문을 설교의 우위성을 옹호하는 데 할애했다. 그린힐은 예언자 조로 선언한다. "하나님 말씀이 해석되고, 설교되고, 사람들의 다양한 상황에 적용되지 않는 곳에서는 사람들이 망한다. … 성경을 설교하고 가르치지 않으면 사람들은 흩어지고, 오류에 빠지며, 목자 없는 양 같이 이리저리 방황할 것이다."[162] 당연히 그는 설교의 필요성에 대한 근거를 성경에서 찾아 강조한다.[163] 그는 또한 역사에서 근거를 찾았고 대주교 에드먼드 그린달이 "설교자 수를 줄이라는 부추김을 받은" 엘리자베스 여왕에게 항의하기 위해 보낸 서신을 길게 인용하기도 한다.[164]

그린힐은 설교를 높이 사는 자신의 의견에 모두가 동조하지는 않는다는 점을 잘 알고 있었고 "그것을 심하게 공격하고 넘어뜨리려는 이들이 있다"는 점에 슬퍼했다.[165] 당시 어떤 이는 설교자의 불완전성을 이유로 들어 설교에 관한 그린힐의 견해에 반대했다. 사도들은 17세기 설교자들과 달리 완전했는가? 그러면 그들은 잉글랜드 설교자들과 달리 제대로 된 방식으로 설교를 강조할 수 있었는가? 이에 응하여 그린힐은 곧바로 둘 사이의 차이점을 인정하면

---

161   Goodwin, *Works*, 11:360-361.
162   Greenhill, *Ezekiel* (1994), v.
163   그린힐은 "무한하시고 홀로 지혜로우신 하나님께서 목회 사역에 회심(행 26:18); 중생(고전 4:15); 교회와 하나님 자신에게로 죄인들을 이끄심(행 2:41,47; 11:24); 믿음(롬 10:14; 고전 3:5); 성도를 온전하게 함과 그리스도의 몸을 세움(엡 4:12); 성령을 받음(갈 3:2; 행 10:44); 당연히 구원(행 11:14; 고전 1:21; 딤전 4:16)이 수반되게 하셨다"고 언급한다, Ibid.,v.
164   Ibid., v-vi 참고.
165   Ibid., v.

서도, 사도들이나 선지자들도 가끔씩 실수했다는 사실을 지적했다. 즉 사도들에 대한 신뢰는 그들의 무류성에 근거한 것이 아니라 성령님으로 말미암은 것이다. "규범과 기준이 되기 위해 필요한 것은 온전하신 성령님께서 수여하셨다." 그린힐은 자연스럽게 이 교리에서 설교의 중요성으로 좀더 확대하며 주제를 옮겨간다. "진리의 성령께서 그리스도의 진리를 그들에게 보이시고 모든 진리 안에서 그들을 인도하셨다. 그리고,' 어떤 신학자라도 사용할 법한 강한 어조로 말하길, "목회자들이 지금 그 진리를 여러분에게 전할지라도 그들에게는 오류가 없다."[166]

설교와 독서

교구민들은 설교나 설교자들보다 성례를 신성시하고는 했다. 버로스는 사람들이 성례는 너무나도 귀히 여기지만 설교는 대수롭지 않게 여기는 점을 언급하면서 원통하고 심란해했다. "사람들이 말씀을 들을 때보다는 성찬을 받으러 왔을 때 하나님 이름을 거룩히 여기라고 납득시키기 쉽다."[167] 그러나 신학자 자신들에게는 성례보다 설교가 낫다는 것이 뻔한 결론이었다. 설교 말씀은 그리스도인들이 회심하고 자라게 해 줄 수 있는 데 반해 성례는 후자에만 국한하기 때문이다.[168]

그러나 총회의 두 가지 요리문답 모두 말씀 읽기보다는 설교를 우위에 둔다.[169] 언뜻 보아서는 성경 읽기보다 설교가 더 효용성이 있

---

166 Ibid., vii.
167 Burroughs, *Gospel Worship*, 249.
168 다음 참고. Burroughs, *Gospel Fear*, 248-49.
169 *WSC* 89, *WLC* 155.

다고 보는 이유가 불분명하다. 성경이 총회가 말하는 것처럼 좋은 것이라면, 항상 성경으로 설교를 가늠해야 하는 것이라면, 그냥 성경을 읽으면 안 되는가? 혹은 성경이나 그리스도인 관련 저작물이라면? 실상 신학자들은 대다수 사람들이 글을 읽을 줄 모를 때 설교를 강조한 것이었다. 아마도 그들은 문맹 혹은 지식이 부족한 청중에게 이렇게 말한 것이었을 테고, 좀더 교육받은 집단에게는 다른 방도를 제시하려 했을 것이다.

적어도 성경 읽기보다 설교를 우위에 두는 역사가들이 확인할 수 있는 선에서 모든 주장은 상당수 교육받은 청중을 향한 것이었다는 점을 짚고 넘어가야 한다. 결국 이 발언들과 관련하여 우리가 수집한 정보 중 다수가 출간된 설교나 논문을 통한 것이기 때문이다. 그런데 또 다행인 것은 신학자들이 성경 읽기 대 설교에 관한 사안을 직접적으로 언급했다는 사실이다. 버로스는 한결같다. "여러분은 말씀하시겠지요. '집에 앉아서 설교집을 읽으면 안 됩니까?'" 안 됩니다. "설교는 고귀한 의식입니다. 믿음은 들음에서 난다고 성경이 말씀하고 있지, 성경 읽기에서 난다고 하지 않습니다."[170] 버로스는 독자들이 "이러저러한 다른 수단들도 그런 역할을 할 수 있다고 생각할 수 있다"는 점을 받아들이면서 어조를 누그러뜨린다. 그러나 "하나님께서 설교를 그분의 방식으로 삼으셨기 때문에, 그분께 순종하여 … 그들은 다른 방법보다는 이 방법을 택해야 할 것입니다."[171]

굿윈은 특히 영적인 가뭄의 때에 설교를 들을 수 없어서 좋은 책과 대화 같은 수단들을 꾸준히 취하는 것은 비 대신 "물뿌리개"에 의존하

---

170   Burroughs, *Gospel Fear*, 201-202.
171   Ibid., 202.

는 것과 같이 도움이 되는 것이라고 주장했다.[172] 굿윈은 하나님께서 부자나 가난한 자 모두 왕국으로 부르시기 위해 설교를 선택하셨다고 주장할 때 문맹자들을 염두에 두었을 것이다.[173] "우리 첫 조상이 귀로 죄를 범했으므로 하나님께서 같은 방식으로 믿음이 들어가게 하는 것이 좋다고 생각하셨기" 때문에 "우리가 혼자 말씀을 읽기만 하는 것은" 부적절하다고 설교했을 때 그의 주장은 동시대인들에게 덜 와 닿았을 것이다.[174]

말씀 낭독도 설교를 대신하기에는 부족하다. 첫째, 사람들은 무딘 데다가 훈련 받은 독자조차 놓치지 말아야 할 것들을 놓치고는 한다. 둘째, 에베소서 4:8은 예수 그리스도께서 사람들에게 선물을 주시기 위해 승천하셨다고 가르친다. 굿윈은 사실상 너무나 많은 사람이 읽을 줄 아는데 "단순히 읽을 줄 아는 능력을 그분이 승천하시면서 주신 고귀한 선물 중 하나로 보는 것은 그리스도의 사역을 폄하하는 것"이라고 주장한다.[175] 마지막으로 "회심하게 만드는 것은" 글자 자체가 아니라 "계시되고 설명될 때 나타나는 그것의 영적인 의미"이다. 마귀도 성경을 인용한다. 성경 구절의 의미를 알려면 설교자가 필요한 경우가 많다.[176] 그는 그리스도께서 교회에 선물을 주시려고 죽으셨고 그 선물 중에 설교자들이 있다는 점을 청중에게 상기시키며 끝맺는다. 그리스도께서는 그리스도인들을 채우시려고 자기 자신을 비우셨다.[177]

---

172 Goodwin, *Works*, 11:360.
173 Ibid., 363.
174 Ibid.
175 Ibid., 363-4.
176 Ibid., 364.
177 Ibid., 368.

이 주제를 다루는 다른 접근들은 설교의 중요성에 대한 또다른 근거들을 내세운다. 버제스는 설교의 필요성을 삼중적으로 설명한다. 첫째, 설교는 말씀을 재구성하고, 어려운 진리들을 소화하기 쉽게 만들고, 중요한 교리들을 더욱 명확하게 정립하게 함으로써 옛것을 새로운 방식으로 제공한다. 둘째, 하나님 말씀에는 옛것들이 들어 있어서 그분 백성에게는 새롭기 때문에 설교를 통해 그 의미가 드러나야 한다. 셋째, 설교는 "사람의 마음과 양심에 필요한 진리를 정확하고 강력하게 적용"하기 위해 필수적이다.[178] 가우지는 인간이 성경을 이해하는 방식에 대해 다룰 때 서로 다른 두 지점에서 출발하여 비슷한 결론에 도달한다. 그는 답하기를, 사람은 말씀을 읽고 그것을 묵상해야 하지만 또한 "하나님 말씀 설교를 듣는 자리에 참석"해야 한다.[179] 마가복음 2:1-5에 대해 언급하면서 가우지는, 병든 이와 그의 친구들이 일반적인 은혜의 수단을 취하려고 노력한 사건을 칭찬한다.[180] 그린힐은 "어떤 이들은 성경을 읽기만 했고 설교나 말씀 해석은 없었다"는 사실을 인정한다. 그러나 사도행전 8장에 나오는 내시는 성경을 읽을 수는 있었으나 해석되기 전까지는 그 말씀을 이해하지 못했다는 점 또한 지적한다. 에스라와 레위 사람들은 율법 낭독 후 그 뜻을 설명해 주었고 느 8:8, 바울은 디모데에게 말씀을 올바르게 분별하라고 가르쳤다 딤후 2:15.[181] 성경은 하나님 백성에게 설교가 필요하다고 말하고 있다.

---

178 Burgess, *Scripture Directory*, 140.
179 Gouge, *The Whole Armour of God in Works* (1627), 156.
180 W. Gouge, *An Exposition on the Whole Fifth Chapter of S. Johns Gospell* (1631), Part 1:143. 가우지의 결론은 독특하다. 그 사람들은 설교가 아니라 기적적인 치유를 바라고 왔기 때문이다. 가우지 자신의 견해에 근거한다면 치유란 일반적인 은혜의 수단이라고 보기는 힘들다.
181 일부 주장처럼 그린힐은 에스라가 통역을 하는 게 아니라 설교하는 것으로 보았다. 그러나 통역을 예로 들었지만 그것은 그의 주장에 큰 영향을 주지는 않는다. "우리가 오류를 범할 수 있다고 해서 해설하지 못한다면, 우리 말을 다른 말로 통역할 이유는 있습니까, 그것들에 오류가 있는 것으

애로스미스는 설교의 우위성에 대한 해석학적 논의에서 출발하여, 하와가 거짓말을 들음으로 미혹되었기 때문에 우리가 참말을 들음으로 구원받는 게 맞다고 주장하며 말한다. "우리는 복음 사역을 들음으로 하나님 은혜를 통렬히 깨닫게 된다. 칼빈이 다정하게 이른 것처럼 뱀의 간교함에 속아넘어간 우리는 하나님의 어리석음으로 구원받을 수 있다고전 1:21."[182] 다른 차원에서 거테이커는 토마스 채프먼Thomas Chapman에게 보내는 서신을 통해 말씀 설교와 말씀 읽기 간 차이점은 전달 방식과 관련이 있다고 주장했다. "생명 없는 글자의 생동성과 효력은 육성 전달에 한참 못 미친다."[183] 그리고 가우지는 블랙프라이어스 교구민들에게 보낸 편지에서, 자신은 어떤 면에서는 단순히 "가서 복음을 선포하라는 그리스도의 명령" 때문에 설교를 귀하게 여기는 것이라고 썼다. 그가 생각하기에 "이것이 하나님께서 자기 능력을 보이시고 복을 내리실 때 일반적이면서도 가장 특별하게 사용하시는 방식이다." 그는 또한 "설교는 특히 감정에 작용하는 능력에 관한 것이다. … 인쇄물은" 여러 번 읽을 수 있기 때문에 "생각할 수 있게 해 주는 특별한 수단일 것이다"라고 말했다.[184] 거테이커는 다른 곳에서 자신은 강단에서 설교할 때는 절대 그러지 않지만, 설교집에는 주해나 참고 자료를 기재한다고 말하는 것으로 보아 이 의견에 동조할 것이다.[185]

로 보고, 거기에 실수가 있었을지도 모르고, 실제로 그러하기도 했다고 해서 말입니다. 다른 이들이 해설하고 설교할 때도 마찬가지입니다." Greenhill, *Ezekiel*, vii.

182 Arrowsmith, *God-Man*, 108.

183 T. Gataker, *An Anniversarie Memoriall of England's Delivery from the Spanish* (1637), 2:28.

184 Gouge, 'To … my Beloved Parishioners,' in *Works*, (강조 추가). 세지위크도 독자들에게 "이 (책)은 제가 설교하지 못할 때 설교를 대신할 수 있을 것입니다"라고 말하며 인쇄물의 지속성에 대해 언급한다. 'Epistle Dedicatory', *The Fountain* (1657), i.

185 T. Gataker, *A Just Defence of Certain Passages in a Former Treatise*

이렇게 신학자들의 의견에는 설교가 말씀 읽기와 구별되는 것이며, 더 나은 것이다.

설교자들과 설교

그러면 설교자의 설교를 그렇게 특별하게 만드는 것은 무엇인가? 어느 때나 누구든지 하나님 말씀을 해석할 수 없는가? 그 대답은 가우지가 말하는 바와 같이 익숙한 본문과 은유에서 찾을 수 있다. 곧 고린도후서 5:20과 목회자들은 사절들이라는 점이다. 가우지는 "목회자와 그렇지 않은 이의 성경 해석에는 한 가지 중요한 차이가 있다. 한 개인은 복음의 신비에 대한 위대한 지식을 가질 수 있으며, 그 뜻과 의미를 해석하여 선포할 수 있다. 그러나 목회자는 다른 이들과 구별되는 직무 때문에 이 특권과 탁월함을 지닌다. 즉 그가 하나님을 대신하여 화해를 선포한다는 점이다." 이는 신도석에 있는 이들에게 가르침이 된다. 즉 "목회자가 복음의 약속들을 설교하고 적용할 때, 그는 단지 하나님의 긍휼과 선하심을 불쌍한 죄인들에게 선포하고 알리는 것일 뿐만 아니라, 그 자신이 죄인으로 하여금 그 약속들을 믿고 하나님과의 화해를 받아들이게 하는 특별한 수단이기도 하다."[186] 공적인 설교에는 특별한 무언가가 있다.

사무엘 러더퍼드 Samuel Rutherford도 군대 내의 거슬리는 기도 모임들이나 성경 공부들에 관한 불평들이 들려오던 시기에 말씀 설교 중 **사적인 성경 해석과 목회자의 성경 해석 간 차이**를 지적했다. 러더퍼드는 말한다. "사적인 권고와 설교 사이에는 매우 큰 차이가 있다. 즉 어느 병사라도 적들이 몰려오고 있다고 경보를 발령할 수 있고, 경비병으로

---

concerning the Nature and Use of Lots (1623), (iv).
186 Gouge, *Whole Armour*, in *Works*, 262. 저자가 직접 강조 표시.

뽑힌 이도 마찬가지로 경보를 발령할 수 있다."[187] 어느 하나라도 무시하면 어리석은 일이겠지만, 경비병 말을 무시하면 죄가 가중된다. 그러므로 이와 같이 "가르치는 이로서 공적인 권위를 입은 스승과 동급생에게 같은 내용을 가르치는 학생 사이에는" 차이가 있다. 1640년에 개최된 스코틀랜드 교회 총회에서 그러한 성경 공부들을 찬성하고 옹호했던 러더퍼드는 주장했다. "어느 누구도 하나는 경비병 지위를 빼앗고, 하나는 선생의 직무를 빼앗는 것이라고 말할 수 없다. 한 사람은 그러한 일을 위해서 특별히 임명되었기에 그 일을 하는 것이고, 다른 이는 그 공동체의 일원으로서 그렇게 하는 것일 뿐이다."[188] 러더퍼드가 보기에 "평신도는 천국 가는 여정에서 다른 이들을 도와야 한다. 그러나 그러기 위해 연구에 골몰하지는 말아야 한다. 즉 그 일을 잘하려고 신학 공부를 한다던가 말이다."[189]

하지만 설교가 그 그리스도인을 성장시키지 못한다면? 그 설교가 사람들에게 유익하지 못하다면? 신학자들은 이 문제를 잘 알고 있었다. 알렉산더 헨더슨Alexander Henderson은 한 설교에서 인정한 적이 있다. "많은 분께서 설교를 듣고 나왔을 때 … 여러분의 영혼의 상태가 전혀 나아지지 않았다고 말씀하신 것으로 알고 있습니다."[190] 이러한 불평이 제기될 때 신학자들이 확실히 물을 수 있던 한 가지 질문은, 그 사람이 하나님 말씀을 들을 준비를 하고 믿는 마음으로 나왔는가이다. 결국 선포된 말씀은 자동으로 효력을 가지는 것이 아니다. 믿음으로 받아들여야 하는 것이다. 이것이 교

---

187 S. Rutherford, *Quaint Sermons of Samuel Rutherford* (1999), 167.
188 Ibid., 1, 167-8.
189 Ibid., 168.
190 A. Henderson, *Sermons, Prayers, and Pulpit Addresses* (1867), 6.

구민들의 불평에 대해 헨더슨이 내놓은 답변의 요점이었다. 문제가 불거졌을 때 신학자들이 물을 또 다른 질문은 설교자들을 향한 것이었다. 즉 그들은 그리스도를 설교하고 있었는가?[191] 이 단락에서는 다른 곳에 비해 규범적인 논의를 적게 다루었다는 점을 인지하는 것이 좋다. 논의 대다수가 주석적이지 않고 신학적이다.

(5) 그리스도 중심 설교

독립파인 윌리엄 그린힐은 에스겔이 주님께서 보이신 모든 것을 선포한 장면을 읽을 때, 선지자의 예시를 목회자들에 대한 원칙으로 전환하는 데 있어 약간 어려움을 느꼈다. 곧 이들은 설교만을 위해 있는 이들이며 그리스도의 학교에서 배운 모든 것을 설교해야 한다는 것이다겔 11:25.[192] 버제스도 같은 기준을 제시한다. 즉 설교자들은 "말씀의 유리거울에 비추어 매 설교를 옷 입혀야 한다. 그들은 성경에서 읽은 대로 설교해야 한다."[193] 그는 설교자들이 성경이 말하는 것만을 그리고 전부를 설교해야 하는 이유 세 가지를 댄다. 이 세 가지 모두 고린도전서 3:10에서 목회자들이 어떻게 기초를 세워야 할지 신중해야 한다는 바울의 권고에 기초를 둔다.[194] 설교 시 신중해야 하는 첫 번째 이유는 하나님이다. 목회자들이 설교하려는 내용은 그분 말씀이다. 그분의 명예가 걸려 있고, 그분은

---

191 다음 참조. Burroughs, *Gospel Remission*, 112-3. 버로스는 목회자들에게 사람들의 인정과 존경을 받으려 하기보다는, 그리스도를 설교하는 데 "공을 들이는" 것이 좋을 것이라 말하고 있다.

192 Greenhill, *Ezekiel*, 287.

193 Burgess, *Scripture Directory*, 141.

194 사도의 확장된 은유의 맥락은 그가 설교 사역을 염두에 두고 있다는 점을 분명히 한다.

사람의 생각이 그분 생각을 대체하는 것을 용납하지 않으신다. 설교에는 늘 깊은 겸손, 기도, 그리고 당연하게도 성경이 말하는 바를 전할 때 신중해야 하는 설교자 측의 공부가 요구된다.[195] 설교 시 주의해야 하는 두 번째 이유는 사람이다. 하나님 말씀을 설교하지 않는다면 그 설교는 쓰임새나 효력 모두가 없다. 기껏해야 지푸라기나 그루터기에 불과하여 영적인 성장에 쓸모가 없기에 당연히 생명을 살리지 못할 것이다. 최악의 경우 교구민들이 물을 마시러 샘에 왔다가 독을 마시게 되는 격이 될 것이다. "사람의 어리석고 부당한 견해나 신조들"은 "은혜로운 결과를 불러올 수" 없다.[196] 세 번째 이유가 가장 중요하다. 곧 설교자 자신을 위해 성경 전체를 설교해야 한다는 점이다. 버제스는 설교자에게 "통치"가 아니라 "목회" 임무가 맡겨졌다는 사실을 지적했다. 설교자가 아니라 하나님께서 그리스도인들에게 필요한 것을 가장 잘 결정하신다. 목회자는 "자신이 원하는 대로 명령하고 허락하는 주인은 아닐지 모른다." 설교자는 바울처럼 주님에게 받은 것을 사람들에게 전달하는 사람들이다 고전 11:23. 버제스가 말하길, 그렇지 않으면 우리는 "타인과 우리 자신을 위태롭게 만들게 된다."[197] 이는 설교자로 하여금 "다른 이들의 영혼을 죽이는 덫 혹은 살인자"가 되게 하는 일이며 "그 영혼의 피는 몸의 피보다 더욱 끔찍하게 울부짖을 것이다."[198]

신학자들은 그린힐과 버제스가 가르치고 있던 진리를 완전히 납득했다. 즉 목회자는 기록된 하나님 말씀만, 그리고 말씀 모두를 가

---

195 Burgess, *Scripture Directory*, 142. 버제스는 설교자가 하나님 말씀을 빼먹지 말아야 한다는 점을 언급할 때도 동일하게 주의를 기울인다.
196 Ibid., 143; 142-43.
197 Ibid., 143.
198 Ibid., 144.

르쳐야 한다. 그러나 그들은 그러한 지침이 설교자에게 충분하다고 절대 생각하지 않았을 것이다. 설교자들은 또한 윌리엄 퍼킨스William Perkins가 **설교의 기술**의 결론부에서 말한 성경적 설교에 관한 조언에 귀를 기울여야 한다. "한 분 그리스도를 설교하라. 그리스도로, 그리스도를 높이도록."[199] 물론 신학자들은 성경 내용을 설교하는 것과 그리스도의 인격이나 사역에 관해 설교하는 것을 구분지으려 하지 않았다. 오히려 이들이 말하고자 하는 것은, 성경 전체가 메시아에 관한 것이므로 그리스도 중심 설교가 되어야 제대로 해석이 된다는 것이었다. 그래서 버제스는 주장했다. "그리스도를 높이는 것만이 성경의 주목적이자 본뜻이다. 목회의 목적은 성경의 목적과 같아야 한다."[200] 버제스는 자기 주장을 길게 뒷받침한다. "그리스도 이전의 모든 선지자들은 메시아를 목도했다. 아브라함은 그리스도의 성육신이 있기 아주 오래 전에 살았다. 그러나 그가 그리스도의 때를 보았다고 이르고 있다요 8:56." 모세의 율법이 집행될 때도 그와 같았다. "그 모든 숫양들, 수송아지들, 염소들, 이 모두가 그리스도를 예표한다."[201]

그러므로 버제스 자신이 하나님 말씀 전체를 설교해야 한다고 권고한 대로 기독론적으로 다음 구절을 해석하는 것은 놀라운 일이 아니다. 즉 "아무도 이미 놓은 기초이신 예수 그리스도 밖에 또 다른 기초를 놓을 수 없습니다"고전 3:11.[202] 버제스는 교회의 유일한 근간이신 그리스도를 설교하는 것에 대해 길게 논한다. 그리스도는 "지식과 교훈의 유일한 기반"이시다.[203] 그러고는 인식론에서

---

199 Perkins, *The Art of Prophesying* (1996), 79.
200 Burgess, 150.
201 Ibid.
202 Ibid., 145-56.
203 Ibid., 145.

윤리로 전환하면서 버제스는 주장한다. "우리는 모든 힘과 능력의 근원이신 그리스도를 설교해야 한다. 우리는 그분에게서 선한 어떤 것이든 행할 수 있는 모든 능력을 부여받는다."[204] 같은 원리가 교회론과 왕국 신학에도 적용된다. 그리스도께서 "교회의 머리"이시며 "모든 것을 다스리시기" 때문이다.[205] 더군다나 "그리스도는 하나님과의 화해와 중보의 유일한 근간을 세우실 분이시다."[206] 그분을 통해서만 우리의 "존재와 자격"이 인정된다. 그분의 "전가된 의" 없이는 어떠한 유산이나 축복도 받을 수 없다.[207] 버제스는 이제 시작하고 있을 뿐이다! "그리스도는 우리의 모든 소요와 영적인 필요를 채우실 모든 충만함의 근원으로서 설교되어야 한다."[208] 그리스도는 "경건한 청자가 가질 수 있는 모든 행복, 기쁨, 영적 만족의 근원이시다. 우리는 사람의 기대, 사랑, 열망이 한데 모이는 중심이신 그리스도를 설교해야 한다. 그리하여 바울은 고백한다. '나는 … 예수 그리스도 곧 십자가에 달리신 그분 밖에는, 아무것도 알지 않기로 작정하였다'고전 2:2."[209] 그리스도는 성례, 기도, 말씀 설교를 통해 우리가 만나려는 분이시다.[210] 그리고 "마지막으로, 우리는 하나님께 이르게 하는 근간으로서만이 아니라, 하나님의 모든 은혜로운 역사나 임재와 관련해서도 그리스도를 설교해야 한다." 이에 대해 버제스가 뜻하는 바는 이러하다. "우리는 그리스도의 이름으로 하나님께 나올 뿐만 아니라, 하나님께서 그리스도를 통해 우리에게 오심을 기대하기도 한다." "하나님께서 … 세상을

---

204 Ibid., 146.
205 Ibid.
206 Ibid., 147.
207 Ibid.
208 Ibid., 148.
209 Ibid., 149.
210 Ibid., 149-150.

그리스도 안에서 자기와 화해하게" 하시기 때문이다고후 5:19.²¹¹

비슷한 정서를 보여주는 오바댜 세지윅Obadiah Sedgwick은 말한다. 즉 "그리스도 외에 다른 어떤 것을 구축하려는 시도도 헛수고에 불과합니다." 목회자들은 "그리스도를 설교하는 데 집중해야 합니다." 다시 말하자면 "여러분이 설교에서 그렇게나 열심히 주장하는 것이 그리스도 혹은 그분과 관련한 것이 아니라면, 여러분이 설교하는 수고는 보잘것없는 것이거나, 어쩌면 아무것도 아닐지 모릅니다. 그리스도께서 이르시기를 '내 나라는 이 세상에 속한 것이 아니오'요 18:36라고 하셨습니다. 따라서 여러분이 할 일은 세상에 속한 것이 아닙니다. 그러니 가서 하나님 나라를 선포하십시다."²¹² 세지윅은 그리스도에 대한 설교에 대해 간략하게 언급한다. 그것은 곧 설교자의 1 마땅한 직무, 2 만족스럽고 완벽한 직무, 3 영예로운 직무, 4 탁월한 직무, 5 위안이다. 설교자는 죽는 날에도 자신이 그리스도를 설교했다는 것을 기억할 수 있어야 한다.²¹³

윌리엄 가우지가 에베소서 6:19을 설교했을 때 본문에서 사도 바울은 성도들에게 기도를 요청하고 있었다. "내가 입을 열 때에, 하나님께서 말씀을 주셔서 담대하게 복음의 비밀을 알릴 수 있게 해달라고 하십시오." 가우지는 사도의 모습에서 "복음은 설교 고유의 주제이다"라는 주장을 도출했다. 그는 지상명령은 복음을 선포하는 임무라고 청중에게 말하고 있다. 그는 로마서에 근거하여 복음을 전하는 이들이 아름답다 일컬음을 받는다고 말하고는롬 10:15 로마서 1:16을 인용한다. "복음은 … 모든 믿는 사람을 구원하는

211　Ibid., 150. 본문이 고린도후서 1:19절로 오기되어 있다.
212　Sedgwick, *The Fountain Opened*, 371.
213　Ibid., 371-72.

하나님의 능력입니다."²¹⁴ 이것은 율법이 설 자리가 없다는 뜻이 아니다. 그보다는 율법이 "복음을 예비하는" 부차적인 위치에 있다는 뜻이다. 율법은 "우리를 그리스도께로 인도하는 초등교사"이다갈 3:24, 개역개정.²¹⁵

율법은 총회 당시나 그 즈음에 민감한 주제였다. 반反신율주의자들은 항상 그리스도인들은 복음 아래서 율법이 필요 없다고 주장하고 있었다. 설교에 대한 논의들이 한창 진행 중일 때, 무분별한 목회자들 때문에 "약한 사람들에게 걸림돌이 되지"고전 8:9 않도록 설교 말씀 적용 시 반신율주의자들의 위험을 다루자는 설교 위원회의 지나치게 적극적인 제안을 검토하면서 전체 총회가 서서히 멈추게 되었다.²¹⁶ 버로스의 언급들은 "무분별한 목회자들"에 대한 우려에 충분한 근거가 있었다는 것을 보여 준다. 그는 설교가 이따금씩 도덕적으로 흘러가고 있었다는 사실을 적어도 한 번 이상 말한다. 단순히 "이 세상의 허영심이나 유익에 반대하여 설교하는 것은 설교의 본질이나 올바른 방식에 근거한 것이 아니다."²¹⁷ 다른 곳에서 그는 "도덕을 설교하는 것은 이제 평범한 일이 되어 버렸다"고 불평했다. 물론 도덕은 설교 안에서 다룰 수 있는 것이지만 복음을 대체할 수는 없다. "모든 목회자들이 목표로 삼아야 하는 것은 화해라는 주제이며, 바로 그것을 설교해야 한다."²¹⁸ 굿윈은 동의한다. 그는 로마서 10:15을 암시하며, 설교자들이 "덜 중요한 진리들"을 줄이고 복음을 더 많이 설교한다면 "자기 자신의 발걸음

---

214 Gouge, *Whole Armour*, in *Works*, 255.
215 Ibid., 254.
216 Lightfoot, *Works*, 13:280. 이 발의안은 보완을 위해 위원회로 반려되었다.
217 Burroughs, *Gospel Remission*, 112-13.
218 Burroughs, *Gospel Reconciliation*, 246.

에 아름다움을 더하지" 않겠느냐고 말하고 있다.[219]

결국 이들이 예수 그리스도를 강조했던 것은 모두 이들이 다른 이가 아닌 그분의 사절들이기 때문이었다. 그리스도는 세상에 오셨고 "나는 길이요, 진리요, 생명이다"요 14:6라고 말씀하셨다. 그는 자신이 "하늘에서 내려온"6:51 "생명의 빵"48이라고 말씀하셨다. 그는 자신이 세상을 향한 좋은 소식이라고 가르치셨다. 그분의 사절들은 같은 임무를 부여받았다. 버제스가 이르기를, 이는 "모든 선지자들은 그리스도의 선지자였"고 "신약의 모든 직분자들은 그리스도의 직분자들이기" 때문에 전혀 새로운 사실이 아니었다.[220] 버로스는 또한 "화해의 복음"을 설교하는 것이 설교자의 주된 임무일 뿐만 아니라 "그들이 특별히 그것을 설교하도록 임명 받았다는" 사실을 강조한다.[221] 그렇다면 요한복음 1:6-9를 연구한 후 존 애로스미스가 침례세례 요한을 자신의 이상형으로 삼은 것이 그렇게 놀랄 만한 일이 아니다. 침례세례 요한은 그 빛을 목도한 사람으로서 사도 요한의 칭송을 받은 구시대의 마지막 선지자이며, 자신이 쇠하는 동안 그리스도께서 흥하셔야 한다고 늘 강조한 인물이다.[222] 애로스미스가 기록하기를, 참목회자들은 "자신들의 사역의 근간을 그리스도께 둔다. 그들은 군중 속에 서서 자기 어깨 위로 그리스도를 치켜드는 데 만족한다. 자신들이 드러나지 않고 그리스도가 높아지시는 데 만족한다."[223]

---

219 Goodwin, *Works*, 11:228.
220 Burgess, *Scripture Directory*, 145.
221 Burroughs, *Gospel Reconciliation*, 246.
222 Arrowsmith, *God-Man*, 103.
223 Ibid., 104; 112-13도 참고.

(6) 성령님께서 일하심

1647년 4월에 앤워스Anwoth에서 오후 성찬 설교 중 사무엘 러더퍼드는 청중에게 전했다. "말씀의 효력과 성령님의 일하심은 우리의 시공간에 매여 있지 않으며, 성령님께서는 강단, 혹은 예복, 혹은 목회자의 말에 제한되지도 않으십니다"라고 말했다.[224] 다른 곳에서 그가 묻기를 "하나님 없이 사람이나 천사의 설교가 무슨 의미인가? 마음을 열 수 있는 존재는 하나님, 하나님 한 분이시지 않은가?"[225] 러더퍼드는 설교를 비하하려는 것이 아니었다. 그는 분명히 "이 교리를 올바로 알고 있어야 한다. 이 교리가 공예배를 혐오하는 분리주의자들이나 브라운주의자들의 비밀 집회나 불법 모임에 정당성을 부여하는 것은 아니기 때문이다."[226] 오히려 러더퍼드는 신학자들이 중요하게 여기는 설교 신학의 주제를 끄집어낸다. 이것을 언급하지 않는다면 그들이 그리던 설교자의 초상은 완성될 수 없다.

설교가 "은혜의 시작과 증진을 위해 하나님께서 지정하신 유일한 일반적인 방도"라는 점을 주장함에 있어 웨스트민스터 신학자들은, 설교가 복음을 증진하는 합리적인 방식인 것 같지 않아 보인다는 점을 인정할 준비가 늘 되어 있었다.[227] 버제스는 "정하신 이 방식설교은 사람 눈에는 그렇게 대단한 결과를 불러올 것 같지 않아 보인다"고 꽤나 솔직히 말하고 있다.[228] 17세기에도 설교는 "인

---

224 Rutherford, *Quaint Sermons*, 125.
225 S. Rutherford, *A Free Disputation against Pretended Liberty of Conscience* (1649), 351.
226 Rutherford, *Quaint Sermons*, 125.
227 Burgess, *Scripture Directory*, 69.
228 Ibid., 69.

간 이성에게 비루하고 경멸할 만한" 것이었다. 또한 버제스는 고린도전서 1:21을 인용하면서, 바울이 "어리석게 들리는 설교"를 언급했다는 사실을 강조하고자 문자 그대로 이탤릭체로 쓴다. 이 신학자는 곧이어 말하기를, 이는 "그것이 구원에 대한 하나님의 지혜이기 때문에 그럴 수밖에 없고, 사도는 그것을 사람들 수준에 맞추어 그런 식으로 표현한 것"이라는 뜻이 아니다. 이것은 "설교 방식"과 "내용" 모두에 적용되는 것이다. 둘 모두 "그러한 결과를 산출해 내기에는 역부족이다. 그 내용은 육신의 눈에는 고결하고, 역설적이고, 믿을 수 없는 것이다. 또한 그 전달 방식에는 세상의 화려한 지식이 없고, 옛 세계의 기준에 걸맞는 놀라운 징조"라든지 새로운 세계를 만족시킬 만한 "과학적 증명들"이 없기 때문에 "어느 것도 인간을 납득시킬 만한" 것이 못 되고 밋밋하기 때문이다.[229] 원죄에 관한 논증 Treatise of Original Sin에서 버제스가, 어거스틴이 그랬던 것과 마찬가지로 수준 높은 청중에게 설교를 얕보지 말라고 엄중히 경고를 할 수 있었던 데는 확실히 근거가 있었다.[230]

그렇다면 설교와 관련한 문제는 한편으로는 설교 내용에, 한편으로는 말씀 자체의 평이한 형식에 있는 것이다. 버제스는 "말씀 설교자들이 그리스나 로마 연설가들과 다르다는 점"을 지적했다. 연설가들은 "화술과 감정적 호소로 청중을 설득할 수 있었고, 그 내용은 사람들이 이해하면 받아들이고, 원한다면 결정할 수 있을 만한 민사 혹은 도덕 문제였기 때문이다."[231] 따라서 버제스에게 일반적인 상황에서 설득하는 것은 어려운 일이 아니다. 그러나 설교는 전혀 평범하지 않다. "설교는 지식이나 받아들일 마음이 없는 이들을

---

229 Ibid.
230 A. Burgess, *A Treatise of Original Sin* (1658) 364-65.
231 Burgess, *Scripture Directory*, 87.

믿게 하는 것에 관한 것이다. 하나님께서 듣는 귀, 보는 눈을 주셔야만 한다. 그렇지 않다면 우리는 이해하거나 받아들일 수 없다." 그는 송영을 올리며 결론을 내린다. "들어야 할 말씀과 들을 귀, 믿어야 할 말씀과 믿을 마음은 모두 하나님께 달렸다."[232]

사람들이 복음 듣기를 그토록 꺼리며 하나님 없는 설교가 아무 소용이 없다면 "설교는 무슨 쓸모가 있는가? 목회에 무슨 도움이 되는가?"[233] 답은 정해져 있다. 즉 하나님께서 구원의 목적과 수단을 정해 놓으셨다는 것이다. 하나님께서 복음의 내용과 그것을 전달할 수단을 정해 놓으신 것이다. 버제스가 말하는 것처럼 "하나님께서만 자라게 하실 수 있지만, 그것은 목회를 통해서만 일어난다."[234] 총회에 참석한 에라스투스파는 이 모든 내용에 관해 거의 혹은 전혀 할 말이 없었던 데 반해, 독립파는 마찬가지로 사안의 중대함을 느끼며 같은 대답을 내놓는다. 즉 버로스가 예견하기를 "여러분은 말할 것입니다. 그렇다면 그렇게나 많은 설교를 한다 한들, 우리 마음을 설득하려는 그 많은 주장들이 무슨 소용인가?" 대답은 이러하다. "우리는 피조물들이 해야 할 일을 하도록 돕고, 하나님께서 자신이 원하시는 바를 행하시게 하면 된다."[235]

그러나 웨스트민스터 신학자들은 캐묻는 이들이 돼 놔서 이 문제를 더 끌고 나갔다. 하나님께서는 왜 수단을 정해 놓으셨나? 왜 설교인가? 여기에는 두 가지 주요한 이유가 있는데, 애로스미스는 요한복음 1:6-7 주해에서 그 두 가지를 언급한다. 애로스미스는 "하나님

---

232 Ibid.
233 Ibid., 86.
234 Ibid.
235 Burroughs, *Gospel Fear*, 92.

께서 인간을 위해 인간 목회를 지정하셨다"는 사실을 강조하며 서문을 연다.[236] 설교여야 하는 첫 번째 이유는 인류가 천사들의 사역을 감당하지 못하고, 무엇보다 하나님과의 직접 대면을 견뎌낼 수 없기 때문이다. 마노아와 그의 아내, 사가랴, 그리고 동정녀 마리아 모두 천사들의 임재에 압도당했다. 이스라엘 백성은 시내 산에서 영광스러운 하나님의 임재를 견딜 수 없어서 모세에게 자신들을 대신해서 하나님께 말씀드려 달라고 했다. 그러므로 필요에 의해 사람들에게 설교할 이가 파송된 것이라고 애로스미스는 말하고 있다. 남자들과 여자들에게 설교하도록 보내졌다. 애로스미스는 신약에서 두 번째 이유를 찾는다. 즉 고린도후서 4:7에서 바울이 설교에 관해 말하며 이르기를 "우리는 이 보물을 질그릇에 간직하고 있습니다"라고 했다. 따라서 애로스미스는 이 부분을 강조하기를 "이 엄청난 능력은 하나님에게서 나는 것이지, 우리에게서 나는 것이 아닙니다."[237]

그러므로 설교에 있는 "문제" 그 자체가 답이 된다. 하나님에 대한 의존과 성령님의 역사하심은 설교를 포기할 이유가 아니라 설교를 할 이유인 것이다. 하나님은 자기 자신의 위대함을 더욱 드러내시기 위해 보잘것없는 수단을 선택하신다. 버제스는 이러한 가르침을 고린도후서 4:7에서 도출하지만, 또한 바울이 수신자들에게 설교자가 씨를 뿌리고 물을 주더라도 하나님께서 자라게 하신다는 점을 일깨우는 고린도전서 3장의 은유를 되짚어 보기도 한다.[238] 그리고 버제스는 곧바로 이르기를, 설교자들이 하나님과 동

---

236 Arrowsmith, *God-Man*, 96.
237 Ibid., 97-8.
238 Burgess, *Spiritual Refining*, 497,495.

역자로 그려지기는 하지만고후 6:1,[239] 목회자는 충직할 수는 있어도 "성공은 하나님 일이지 목회자들의 책무가 아니기" 때문에 성공을 거두지 않는다.[240]

독립파는 다시금 동의한다. 버로스가 말하기를 "수단이 효력을 내는 것이 아니라, 그 수단 속에 계시는 하나님께서 역사하시는 것이다." 또한 "어떤 이가 와서 역사상 가장 강력한 설교를 했다고 가정해 보자. 그렇지만 하나님께서 그 말씀과 함께하지 않으신다면, 그 설교는 절대 여러분들 영혼이 구원에 이르도록 겸손하게 만들어 줄 수 없을 것이다."[241] 다시 원점으로 돌아오면, 이러한 사실이 목회자 훈련이나 연구가 소용없다거나 하찮은 것으로 만들지는 않는다. 버제스가 기록하기를 "실로 목회자의 재능이나 능력은 객관적으로 볼 때 회심에 더 도움이 될 수 있고, 다른 것들에 비해 더욱 유익함을 불러올 수 있는 게 사실이다. 그로 인해 더욱 강력한 논증으로 양심을 설득할 수 있다. 그로 인해 그러한 논증에 더욱 강력한 생명력과 힘이 실린다." 그러나 "하나님만이 모든 선하고 완벽한 은사를 유효하게 하신다."[242] 굿윈은 하나님에 대한 이러한 의존성이 하나님께 모든 영광을 돌리게 한다는 점을 지적했다. "그분은 말씀 설교를 선택하셨다. 왜냐하면 그것이 모든 수단 중에 가장 약한 것이고, 따라서 그 안에서 그분이 자기 능력으로 자기 영광을 더욱 드러내실 수 있기 때문이다."[243]

그리하여 하나님은 복음이 선포되는 내내 영광을 받으신다. 그분

---

239 Ibid., 495.
240 Ibid., 503; 500-503 참고.
241 Burroughs, *Gospel Fear*, 92.
242 Burgess, *Scripture Directory*, 87.
243 Goodwin, *Works*, 11:362.

은 자기 아들을 보내셨다. 그분은 설교자들을 보내신다. 그분 말씀이 선포되면 그분 능력으로 죄인들이 깨어난다. 세상의 구원자이신 예수 그리스도를 설교할 때 그분은 영광을 받으신다. 그리고 죽은 죄인들이 깨어날 때 그분은 영광을 받으신다. 버제스가 말한다. "하나님만이 자라게 하신다. 눈이 멀고 귀가 먹었을 뿐만 아니라 죽어 있기까지 한 모든 인간은 너무나도 더러운 상태이기 때문이다."[244] 또한 "하나님만이 자라게 하신다. 그분만이 마음판에 역사하는 주권과 능력을 가지셨기 때문이다. 다른 이들은 귀에 들리는 말로 주장을 펼칠 수는 있다. 그러나 마음을 바꾸고 움직이는 것은 마음을 만드신 하나님만이 하실 수 있는 것이다. … 그러므로 우리 목회자들을 비롯한 여러분 모두 하나님을 우러러, 하나님께서 영광받으시도록 해야 할 것이다."[245]

버제스를 다시 인용하자면 "성공은 하나님 일이지 목회자들의 책무가 아니다."[246] 혹은 러더퍼드가 이른 것처럼 설교의 결실은 "성령님의 역사하심"에 달렸다.

총회 신학자들의 강단 신학 속에 있는 이 여섯 가지 강조점들을 정리하면 역사적 유형과 신학적 유형, 크게 두 가지로 나누어 볼 수 있다. 첫 번째 유형은 설교자와 설교에 관한 이 여섯 가지 특징에

---

244 Burgess, *Scripture Directory*, 87
245 Ibid., 86-87. 비슷한 정서가 다른 신학자들 저작에서도 드러난다. 예를 들어, 레이놀즈(Reynolds)는 베드로전서 1:12을 성령께서 설교를 유효하게 만드신다는 주장의 근거로 삼는다(*Works*, 2:148). 그러한 성실한 목회자들에 대한 하나님의 도우심은 (배은 차원에서가 아니라) 논의되지 않고는 하기 때문에 짐작할 수 있을 따름이다. 잘 알려진 저작의 서문에서 가우지는 "하나님의 인도하심에 따라 강단에서 선포한 것들에 대해 제대로 다룰" 기회를 마련하는 것이 힘들었다고 언급하고 있다. Gouge, *A Guide to Goe to God* (1636), [iii].
246 Burgess, *Spiritual Refining*, 502.

드러나는 통일성이다. 스코틀랜드 장로파와 잉글랜드 장로파 및 독립파는 한가지로 강단에 관한 비슷한 그림을 그리고 있다. 많은 스코틀랜드 장로파가 독립파는 교회 정체에 있어 분파주의자들과 같고 근본주의 경향이 있다고 주장할지라도, 독립파 저작들은 개별주의, 반교구주의, 도덕주의를 배격하며, 정확한 교리와 성령님의 능력을 힘입은 그리스도 중심 설교를 주장한다. 분파주의자들의 평등주의와 반지성주의는 웨스트민스터 총회에 참석한 독립파에게서 찾아볼 수 없다. 오히려 독립파는 하나님의 사절로서 훈련 받고 성직 임명을 받은 설교자의 모습에 집중하고 그것을 강단을 이해하는 주된 원리로 삼는다. 총회 토론을 통해서만 실제로 독립파가 평신도 설교를 수용하는 방향으로 상당히 기울어진 것을 알 수 있기 때문에, 일부 장로파의 우려에는 신빙성이 있다.

총회의 입장을 드러내는 두 번째 양상, 그리고 모든 참석자들에게서 나타나는 한 가지는 설교의 성경 신학에 대한 관심이다. 총회 신학자들 중에, 설령 있다 해도, '합리성'에 기반을 둔 설교를 추구하는 이들은 드물었다. 회반죽 없이 쌓아올린 돌처럼 증거 본문들만 수집하지도 않았다. 설교할 때 말씀 해석을 제대로 해야 한다는 입장에 충실하여, 설명 없이 본문을 인용하는 경우가 드물었다. 오히려 흠이라면 다른 곳에 있었다. 이따금씩 신학자들은 성경의 은유나 진실에 매몰되어 지나치게 많은 지면을 할애하고는 했다는 점이다.

5. 결론

이 짧은 연구는 청교도 목회 신학을 재구성한 것이 아니다. 결국 그러한 작업이 나오기를 바라고는 있지만, 그건 총회를 중심으로 해야 하지 않을까 싶다. 또한 총회의 설교 신학을 철저히 연구한 것도 아니다. 총회의 논의들과 신학자들의 저작들을 간단히 살폈을 뿐이다. 언젠가 이 주제에 대한 심도 깊은 연구서가 나오길 바란다. 그러나 한계가 있기는 하지만 인식하지도 못하고 있는 많은 것들을 포함하여, 어느 정도는 거칠게나마 결론을 도출해 볼 수 있겠다. 이 연구의 목표 중 하나는 총회의 설교 신학에 대한 역사적 선례를 찾아보기 위해 총회의 초기 사상사의 윤곽을 그려 보는 것이었다. 되짚어 보면, 웨스트민스터 총회는 이전 세대 청교도나 개혁주의자들의 강단에 관한 견해를 따르거나, 최소한 그들과 역사적인 연결성을 가지는 것으로 보인다.

이후에는 내전 시기 동안의 웨스트민스터 신학자들의 입장으로 초점을 옮길 수도 있을 것 같다. 내전 이전에 로드 대주교와 소위 그의 가톨릭은 어느 정도는 로드가 개혁주의 설교에 반대했다는 이유에서 제1의 적이었다. 내전이 발발하자 수많은 광신도들과 자기 임명 설교자들이 나타나기 시작했다. 급진적인 평신도 설교자들의 증가는 제대로 된 강단 신학과 일반적인 은혜의 수단에 관한 신학자들의 주장을 강화할 뿐이었다. 이러한 분파들에 대한 반감에는 정도의 차이가 있었고, 장로파가 총회에서 가장 부지런한 변증가들로 활동하기는 했지만, 총회에 참석한 모두가 급진주의에 반대했다. 이 총회 역사에 대한 사회적 밑그림은 총회가 그들을 둘러싼 종교적인 흐름을 인식하고 있었지만, 설교자와 설교에 대한 자신들의 시각을 견지했다는 사실을 보여 준다.

그 이유는 확실히, 적어도 장로파와 독립파에게는, 성경이 명확한 강단 신학을 제공했다는 확신에 뿌리박는다. 하나님께서는 사도들이라는 특별한 사절들을 임명하셨으며, 계속해서 교회 안에 목회자와 설교자라는 평범한 사절들을 세우고 계신다. 이들은 특별한 목적을 위해 구별되고, 훈련 받고, 임명된다. 전 구성원 목회가 허용될 수 있던 유일한 곳은 웨스트민스터 총회와 같은 총회 뿐이다. 이곳에서는 소수를 제외하고는 사실상 전 구성원이 목회자였기 때문이다. 따라서 급진적인 분파들이 모든 양이 목자가 되기를 원했을지라도, 웨스트민스터 신학자들은 이전 세대 신학자들처럼 하나님께서 어떤 이들은 교사로 어떤 이들은 배우는 사람으로 정하셨다고 주장했다. 그러나 신학자들이 항상 이 점을 명확하게 표현한 것은 아니다. 이들은 종종 어떤 무리도 치켜세우지 않고 "목회자들과 사람들" 혹은 "목회자들과 그리스도인들"이라고 나누기도 했다.[247] 그러나 이들은 항상 하나님께서 교회에 설교자들을 주셨고, 교회는 그들에게 감사하는 마음을 가져야 한다는 점을 분명히 했다.

웨스트민스터 총회에 참석한 에라스투스주의자들이 보통은 설교에 관해 침묵을 지켰던 반면, 장로파와 독립파는 모두 설교에 관해 확실하게 입장을 밝혔고, 설교자 임명에 관해서만 입장이 엇갈린 것 말고는 의견이 일치했다. 이들은 모두 설교자가 훈련 받고, 하나님 말씀에서 벗어나지 않아야 하며, 성령님의 도우심에 의지하여 그리스도를 설교해야 한다는 데 의견이 일치했다. 장로파와 독립파는 또한 설교를 받아들이는 교구민들의 태도에 대해서도 생각이 같았다. 이들은 설교를 하나님 말씀으로 들어야 하고, 또한 믿음으로 듣고 하나님께서 역사하신다면 그것이 가장 일반적이고 유효한 은혜의 수단임을 믿어야 한다. 그러나 설교가 그렇게나 중요

---

247 다음 참고. 예를 들면, *WLC*, 54; J. Burroughs, *The Saints' Happiness* (1988), 260.

하다면, 설교자의 어려움은 막 시작한 것이라고 할 수 있다. 에드워드 레이놀즈Edward Reynolds는 동료 신학자들에게 전한 특별 설교에서, 그들이 설교자의 의무에 대해 제대로 이해하고 있다면 삶이 힘들어질 것이라고 경고했다. 사실이 그렇다. "살아가면서 이기적이고 싶은 유혹에 처하지 않는 때가 없다." 그러기에 "수많은 설교를 해야 한다면 … 우리는 지루한 삶을 살기로 결심해야 한다. 그러므로 하나님께서 자기 부인이라는 위대한 정신으로 무장시켜 주시기를 기도하자."[248]

맺는말

총회가 옳게 여긴 강단 신학은 다음 두 세기 동안 장로파와 독립파에게도 옳은 것이었다. 설교는 예배와 경건 생활에서 중심이었고, 장로파와 회중주의자들 모두를 연합시키는 동력을 제공했다. 1차 대각성운동 때에도 영국과 미국의 부흥 설교자들 대다수는 훈련 받고, 성직 임명을 받은 설교자들이었다. 웨일스 출신 하월 해리스Howell Harris만이 눈에 띄는 예외였다. 적어도 설교는 그리스도인 삶과 예배에 중심적인 것이었다. 하나님의 사절들의 설교는 여전히 하나님께서 특별하게 복 내리신 일반적인 수단이었다.

이 모든 것은 2차 대각성운동 때 바뀐 것 같다. 이 대각성운동 기간에 찰스 피니Charles Finney가 참회자석을 비롯한 새로운 방식과 수단을 도입하였고, 너무나도 뛰어난 D. L. 무디D. L. Moody는 교회가 그를 훈련시키고, 임명하고, 파송할 필요가 없다고 보았다. 무디는 스스로를 파송했다. 물론 웨스트민스터 총회 기간이나 이후에도

---

248   *Minutes*, 3:97r-v.

이러한 일은 있었다. 차이점이라면, 총회 기간에는 장로파와 독립파가 그러한 방식들을 급진적이라고 생각했다는 점이다. 19세기 중반이 되자 이러한 방식이 주류가 되었다.

1640년대와 이어지는 몇 세기 동안 설교의 역사는 오늘날 교회에 어떠한 도전이 된다. 성도들은 그저 집에서 성경이나 읽고 싶어하고 귀찮게 공예배에 참석하고 싶어하지 않는다. 어떤 이들은 '설교 대상'이 되고 싶지 않아 하고, 시끄러운 길거리 설교자들이나 비도덕적인 텔레비전 전도자들에 대한 나쁜 기억이 있기도 하다. 어쩌면 말씀을 전달하는 방식을 바꿀 때가 되었는지도 모르겠다. 목회자들은 그러한 도전을 받아들여서 저녁 예배와 설교를 없애는 대신 좀더 쉬운 가정 성경 공부 방식을 택하는 방향으로 가고 있다. 목회 실습은 신학교 교육 과정에 맞추어져 있기도 하다. 일부 목회 실습 기관들이 복음 내용을 중심으로 한 과정을 개설하고, 학생들에게 왜 설교해야 하는지 알려주지도 않으면서 복음 전달 기술을 가르치고 있다고도 한다. 일부 그리스도인들은 목회자나 신학교 개념은 생각지도 않고, 설교를 해야 한다는 개인적인 소명은 느끼지만 교회의 승인을 구하려 들지는 않기도 한다.

그러나 어쩌면 아직 그 방식을 바꿀 날이 되지 않았는지도 모른다. 종교개혁의 위대한 강령은 'semper reformandum' 즉 '지속적으로 개혁되고 있는'이었다.[249] 칼빈과 동시대 개혁자들은 건강한 교회는 하나님 말씀으로 끊임없이 개혁될 것이라고 주장했다. 그들이 살던 시대에는 한 걸음 나아간다는 것이란 지난 걸음을 뒤돌아보는 것까지를 의미했다. 종교개혁자들이 중세 교회에 익숙했고

249　분사가 수동형이라서 '항상 개혁하고 있는'과 같은 좀더 현재진행형의 느낌을 주지 않는다.

가능한 한 스콜라 신학자들에게서 배우기는 했으나, 이들 대다수는 그 원천을 가장 많이 들여다보았다. 곧 교부들, 그리고 궁극적으로는 성경 그 자체를 살핀 것이다. 어쩌면 오늘날 교회가 취할 수 있는 가장 큰 한 걸음은 과거를 되짚어보면서 내딛는 것이지 않을까 싶다. 칼빈에서 웨스트민스터 총회까지, 확실히 총회 이후 200년 동안 성도들은 예배와 삶을 하나님의 사절들의 말씀을 중심으로 꾸렸다. 그 사절들이 특별하건 평범하건 간에, 어떻게 표현하건 간에, 설교는 믿는 자들을 위한 일반적인 은혜의 수단으로 여겨졌으나, 하나님은 그것을 특별하게 사용하셨다.

히포의 어거스틴이 설교에 대해 같은 주장을 한 적이 있다. 그는 고백록 초입에서 로마서 10장의 질문을 되풀이했다. "그런데 사람들은 자기들이 믿은 적이 없는 분을 어떻게 부를 수 있겠는가? 또 들은 적이 없는 분을 어떻게 믿을 수 있겠는가? 선포하는 사람이 없으면 어떻게 들을 수 있겠는가?"[250] 이 질문을 되풀이해 보는 것이 교회에 도움이 될 것이다. 우리가 믿지 않은 이를 어떻게 부르겠는가? 우리가 들어보지 못한 이를 어떻게 믿겠는가? 또한 설교자가 없다면 우리는 어떻게 듣겠는가? 그리고 보냄을 받지 않았다면 그들이 어떻게 설교할 수 있겠는가? 물론 이 질문들은 어거스틴, 칼빈, 혹은 웨스트민스터 총회만의 질문은 아니다. 그들만의 것이었다면 우리는 그것을 무시해 버리거나, 허버트 파머처럼 "칼빈 선생의 권위가 청중으로 하여금 제 말씀을 믿게 할 수 있더라도, 저는 차라리 그 시간에 말을 그치는 입을 막는 편이 낫겠습니다"라고 말할 수도 있을 것이다. 그러나 이 질문들은 사도 바울 스스로가 던진 것이며, 파머가 옳게 추측한 것처럼 그러한 인물의 이름 자체에 권위가 있다.

---

250 Augustine, *Confessions*, 1:1.